SITZUNGSBERICHTE DER SÄCHSISCHEN AKADEMIE
DER WISSENSCHAFTEN ZU LEIPZIG

Philologisch-historische Klasse
Band 119 · Heft 4

GERTRUD SCHUBART-FIKENTSCHER

CHRISTIAN THOMASIUS

Seine Bedeutung als Hochschullehrer am Beginn der deutschen Aufklärung

AKADEMIE-VERLAG · BERLIN
1977

SITZUNGSBERICHTE DER SÄCHSISCHEN AKADEMIE DER WISSENSCHAFTEN ZU LEIPZIG

PHILOLOGISCH-HISTORISCHE KLASSE

Band 111

Heft 1 Prof. D. Dr. WALTER BAETKE, Wörterbuch zur altnordischen Prosaliteratur. Band I. A–L 1965. XI, 398 Seiten – 8° – Br. M 27,40 – Gl. M 30,–

Heft 2 Prof. D. Dr. WALTER BAETKE, Wörterbuch zur altnordischen Prosaliteratur. Band II. M – Ø 1968. II, 426 Seiten – 8° – Br. M 28,50 – Gl. M 31,–

Band 112

Heft 1 Prof. Dr. JOACHIM MÜLLER, Goethes Fragmente einer Tragödie und seine Auffassung vom Tragischen 1965. 31 Seiten – 3 Abb. – 8° – M 2,60

Heft 2 Prof. D. Dr. OTTO EISSFELDT, Franz Delitzsch und Wolf Graf Baudissin. Dokumente über die Anfänge ihrer Freundschaft aus dem Erlanger Wintersemester 1866/67 1966. 28 Seiten – 21 Tafeln – 8° – M 4,80

Heft 3 Prof. Dr. GERTRUD SCHUBART-FIKENTSCHER, Die Unehelichen-Frage in der Frühzeit der Aufklärung 1967. 216 Seiten – 8° – M 11,30

Heft 4 Prof. Dr. JOHANNES JAHN, Die Problematik der kunstgeschichtlichen Stilbegriffe 1966. 34 Seiten – 8° – M 1,50

Heft 5 Dr. HUGO JEDIG, Laut- und Formenbestand der niederdeutschen Mundart des Altei-Gebietes 1966. 107 Seiten – 8° – M 6,70

Heft 6 Dr. habil. WOLFGANG FLEISCHER, Strukturelle Untersuchungen zur Geschichte des Neuhochdeutschen 1966. 120 Seiten – 8° – M 6,–

Band 113

Heft 1 Prof. D. Dr. OTTO EISSFELDT, Die Komposition der Sinai-Erzählung Exodus 19–34 1966. 31 Seiten – 8° – M 2,30

Heft 2 Prof. Dr. EDGAR LEHMANN, Die räumliche Differenzierung der Industrie- und Bevölkerungsagglomeration im Halle–Leipziger Gebiet 1967. 24 Seiten – 8° – M 1,55

Heft 3 Prof. Dr. HANS-JOACHIM DIESNER, Die Auswirkungen der Religionspolitik Thrasamunds und Hilderichs auf Ostgoten und Byzantiner 1967. 23 Seiten – 8° – M 2,30

Heft 4 Prof. Dr. RUDOLF FISCHER / Dr. HANS WALTHER / JOHANNES SCHULTHEIS / Dr. habil. ERNST EICHLER / Dr. KARLHEINZ HENGST / Dr. VINCENT BLANÁR, Leipziger namenkundliche Beiträge II. Mit einer Bibliographie der Leipziger namenkundlichen Arbeitsgruppe (4. Folge) 1968. 102 Seiten – 1 Tabelle – 8° – M 7,20

Heft 5 Prof. D. Dr. SIEGFRIED MORENZ, Die Begegnung Europas mit Ägypten. Mit einem Beitrag von Dr. MARTIN KAISER, Herodots Begegnung mit Ägypten 1968. 247 Seiten – 20 Tafeln mit 38 Abb. – 8° – M 12,50

Band 114

Heft 1 A. N. Radieščev und Deutschland. Beiträge zur russischen Literatur des ausgehenden 18. Jahrhunderts. Redigiert von Dr. ERHARD HEXELSCHNEIDER 1969. 132 Seiten – 8° – M 9,50

Heft 2 Prof. Dr. HERBERT PEUKERT, Ivan Gundulićs „Osman" in Deutschland 1969. 99 Seiten – 8° – M 7,–

Heft 3 Prof. Dr. LIESELOTTE BLUMENTHAL, Schiller und die jungen Dichter 1968. 36 Seiten – 8° – M 2,60

Fortsetzung siehe 3. Umschlagseite

SITZUNGSBERICHTE DER SÄCHSISCHEN AKADEMIE
DER WISSENSCHAFTEN ZU LEIPZIG

Philologisch-historische Klasse
Band 119 · Heft 4

GERTRUD SCHUBART-FIKENTSCHER

CHRISTIAN THOMASIUS

Seine Bedeutung als Hochschullehrer am Beginn der deutschen Aufklärung

AKADEMIE-VERLAG · BERLIN
1977

Vorgetragen in der öffentlichen Sitzung am 20. April 1974
Manuskript eingeliefert am 3. Juli 1974
Druckfertig erklärt am 2. Juni 1977

Erschienen im Akademie-Verlag, 108 Berlin, Leipziger Str. 3—4

Lizenznummer: 202 · 100/331/77
Gesamtherstellung: VEB Druckhaus „Maxim Gorki", 74 Altenburg
Bestellnummer 753 299 5 (2026/119/4) · LSV 0115/0415
Printed in GDR
DDR 4,50 M

INHALT

I

Herkunft und Entwicklung

Vor 175 Jahren, am 29. Mai 1799, schrieb SCHILLER aus Jena an GOETHE: „Ich bin gestern zufällig über ein Leben des Christian Thomasius geraten, das mich sehr unterhalten hat. Es zeigt das interessante Loswinden eines Mannes von Geist und Kraft aus der Pedanterei des Zeitalters, und obgleich die Art, wie er es angreift, selbst noch pedantisch genug ist, so ist er doch, seinen Zeitgenossen gegenüber, ein philosophischer, ja ein schöner Geist zu nennen. Er erwählte dasselbe Mittel, das auch Sie für das kräftigste halten, die Gegner durch immer fort und schnell wiederholte Streiche zu beunruhigen, und schrieb das erste Journal unter dem Titel Monatliche Gespräche, worin er auf satirische Art mit einem satirischen Kupferstich vor jedem Stücke seinen Gegnern, den Theologen und Aristotelischen Philosophen, tapfer zusetzt. Er wagt es, akademische Schriften zuerst auch in deutscher Sprache zu schreiben; eine davon über das feine Betragen und das, was der Deutsche von den Franzosen nachahmen solle, wäre ich neugierig zu lesen und werde mich hier darnach umtun." Und GOETHE antwortete am gleichen Tag aus Weimar: „Was ich von Christian Thomasius kennen lernte, hat mich stets interessiert. Sein heiteres und geistreiches Wesen ist sehr ansprechend." Mit diesen wenigen Worten ist im Grunde das Wesentliche gesagt, was die Persönlichkeit von THOMASIUS kennzeichnet: von der philosophisch-sittlichen Seite her, dem Erziehungsziel im Maßhalten und Einklang mit sich und der Umwelt, wie vom tatkräftigen Verhalten gegenüber Vorurteilen und Kleinkram, in allem, was er für reformbedürftig hielt. SCHILLER kannte offenbar nichts von THOMASIUS. Er war beeindruckt von einer Lebensbeschreibung, die 50 Jahre nach THOMASIUS' Tod erschienen ist, und worin die beiden ersten Aufsehen erregenden deutschsprachigen Schriften unter anderen erwähnt werden.[1] GOETHE, vom Fach her sicherlich mit THOMASIUS bekannt, will helfen, Bücher zu verschaffen.[2]

Bemerkenswert ist, daß sich mit dem Namen THOMASIUS im Gedächtnis des Volkes noch bis heute das verbindet, was SCHILLER andeutet, in Stichworten kurz zusammen gezogen: „Deutsche Sprache", das heißt, sie in den Universitätsunterricht eingeführt zu haben, und sein tatkräftiger Reformwille, dieser in der Regel eingeengt auf das Stichwort „Kampf gegen die Hexenverfolgungen". Schiller erwähnt das nicht, obwohl in der Lebensbeschreibung davon die Rede ist. Er ist sehr viel stärker von der philosophischen Seite angezogen gewesen.

Wer war dieser Mann und worin bestand sein Werk? Nur einiges Äußere sei über seinen Lebensgang zuvor gesagt: Thomasius gehörte zu der Generation, die in den belastenden Nachkriegsjahren aufwuchs und sich mit den Folgen des Westfälischen Friedens — seiner Neuordnung der Machtverhältnisse, der Maßstäbe, dies alles zu beurteilen — auseinander setzen mußte. Wieweit das auf Thomasius gewirkt hat, läßt sich wohl kaum noch erkennen, auch wenn er versuchte, neue Wege zu gehen. Er ist am 1. Januar 1655 in Leipzig geboren. Sein Vater Jakob Thomasius war Professor der Beredsamkeit an der Universität, zeitweise Rektor der Thomas- und Nicolaischule, als Philosoph und Philologe weit bekannt. Der Sohn spricht voller Dankbarkeit von der geistigen Führung, und man wird deshalb in den früheren Schriften einen gewissen Einfluß des Vaters annehmen dürfen. Christian Thomasius hat übrigens später (1693) eine Sammlung väterlicher Dissertationen herausgegeben.

Nur nebenbei möchte ich darauf hinweisen, daß G. W. Leibniz Schüler von Jacob Thomasius war und unter seinem Praesidium (30. 5. 1663) für das philosophische Baccalaureats-Examen disputierte. Obwohl die Dissertation dazu als eine Praesesarbeit, also wie üblich von dem betreuenden Professor verfaßt zu sein scheint, ist sie nach der Vorrede von J. Thomasius offenbar mehr als eine Schülerarbeit gewesen. Leibniz ist später, wie Chr. Thomasius, im Unmut von der Heimat geschieden. Er hatte in den oberen Fakultäten Rechtswissenschaft studiert und wollte nach allen Examina im Herbst 1666 zum Doktor promoviert werden. Was daran hinderte, ist unbekannt. Offenbar mußte aus mehr äußeren Gründen eine längere Wartezeit eingehalten werden. Leibniz ging deshalb nach Altdorf/Nürnberg und wurde dort am 5. 11. 1666 nach einer Disputation De casibus perplexis juris, mit Glanz, wie er sagt, promoviert. Am 22. 2. 1667 folgte der feierliche Promotionsakt. Die ihm sofort angebotene Professur schlug er ab. Er ist niemals Professor einer Universität gewesen, hatte wohl auch keine Neigung dazu. Der Staatsdienst im eigentlichen Sinn lag ihm näher und so knüpfte er gleich nach der Promotion Beziehungen zum kurmainzischen Hof an. Im übrigen gehörte damals der auf dem Titelblatt der Dissertation hochgelobten juristischen Fakultät einer der Urgroßväter Goethes an: Joh. Wolfg. Textor, der dort mit 28 Jahren Professor für die Institutionen des Römischen Rechts war.[3]

Thomasius wuchs in einer durchaus geistigen Luft auf; in der Verwandtschaft und Freundschaft gab es besonders Theologen und Juristen, und so war der herkömmliche Weg vorgezeichnet. Schon als Säugling wurde er für das Sommersemester 1655 in die Universitätsmatrikel eingetragen, ein Vorzug, den Professorenkinder genossen. Vielleicht ist dies aus finanziellen Bedürfnissen der Universität entstanden, vielleicht auch, um bei Andrang den Studienplatz zu sichern. Vierzehnjährig, und deshalb noch eidesunmündig, begann THOMASIUS im Sommersemester 1669 das Studium in der philosophischen Fakultät, darauf aufbauend und nach allen Prüfungen, im Sommersemester 1674 das juristische Studium. In Leipzig blieb er nur kurze Zeit und ging dann auf Wunsch des Vaters an die brandenburgische Universität Frankfurt/Oder. Dort schloß er mit der Dissertation de jure circa frumentum (1678) und der Promotion (Praeses Rhetius) zum Doktor juris utriusque legum ab. Er hatte hier offenbar starke Eindrücke durch den Umgang in reformierten und katholischen Kreisen empfangen und sich mehr von der lutherisch-orthodoxen Befangenheit an der Leipziger Universität gelöst.

Seine Ausbildung soll er, wie üblich, mit einer akademischen Bildungsreise nach Holland abgeschlossen haben, wie wiederholt in der Literatur angenommen wird. Das läßt sich aber nicht belegen. Die Nachweise dafür bei FLEISCHMANN ergeben nichts; auch sonst habe ich bisher nichts feststellen können. FLEISCHMANN „berichtigt" die Auffassungen von FRENSDORFF (Rede) und OPEL, daß THOMASIUS nicht gereist sei und führt, fast ohne Belege, verschiedene deutsche Städte an, die er besucht habe. Für eine Hollandreise ergibt sich daraus nichts. Außerdem hat man für das „nicht gereist" den wichtigsten Hinweis bei THOMASIUS selbst. Er sagt im Nachwort zum ersten deutschsprachigen Vorlesungsprogramm, im Zusammenhang mit Äußerungen über das Aufsehen, das er damit erregt hatte „... andere deuteten es für eine große Kühnheit aus, daß ein junger Mann von etwa dreißig Jahren, und zumal der nicht gereiset hatte, sich unterstünde..."[4] THOMASIUS widerlegte diesen Vorwurf, der wohl eine unvollkommene Bildung treffen sollte, nicht, obwohl er gerade Vorwürfe in der Sache sehr nachdrücklich sofort zu entkräften gewohnt war. Ganz einfach, wenn auch etwas spottend, aber nicht damit zurückweisend, stellt er ihn in eine Reihe mit anderen Vorwürfen, die er sich für sein aufreizendes Verhalten zugezogen hatte.

Nach seiner Rückkehr in die Heimatstadt arbeitete THOMASIUS zunächst als „Jurispracticus". Aber nach einigen Jahren störte ihn der unruhvolle Betrieb (strepitus forensis), er versuchte dem zu entgehen und begann als Doktor juris Vorlesungen an der Universität zu halten.[5] Es war dies eine seiner Herkunft und Neigung entsprechende herkömmliche Bahn. Sie ist auch zunächst in solcher Weise verlaufen. Aber schon in den Schriften jener Anfangsjahre wird eine merkwürdige Unruhe deutlich. Er griff „Mängel" und „praejudicia" auf und an und geriet in Spannungen zur akademischen Umwelt. Nur einiges sei erwähnt: Bereits 1685 hatte er mit einer Dissertation De crimine bigamiae unliebsam auf sich aufmerksam gemacht. Ohne sich gegen kirchlich-weltliche Einrichtungen zu wenden, hatte er die Bigamie nach Naturrecht für zulässig gehalten und damit besonders bei den Theologen Anstoß erregt. Den Vorwurf, er mische sich in die allein ihnen zustehenden Fragen ein, hat er von dieser Seite bis ins Alter zu hören bekommen. Weiter hatte er „gewagt“, am 31. 10. 1687 in deutscher Sprache am Schwarzen Brett eine ebensolche Vorlesung anzukündigen. „ Das schlug dem Faß den Boden aus“.[6] Es war das erste deutsche Vorlesungsprogramm überhaupt: „Welcher Gestalt man denen Frantzosen in gemeinem Leben und Wandel nachahmen solle?“ Die Grundlage dafür war eine Schrift des spanischen Jesuiten BALTHASAR GRACIAN, das „Handorakel“ (1648).[7] THOMASIUS hatte sie in einer französischen Übersetzung gelesen und aus der Fülle einige Leitsätze für die Vorlesung zusammengestellt. Vorlesungen auf der Grundlage fremder Bücher waren üblich; durch Zusätze und Erläuterungen konnte der neueste Stand der eigenen wissenschaftlichen Meinung bekannt gemacht werden. Mit dieser Ankündigung aber lag es besonders: Schon von der Sprache her wurde das Programm als etwas aufreizend Neues empfunden. Darüber hinaus erschien es vom Thema her, in einer Zeit von Kriegen gegen Frankreich, verdächtig, obwohl es sich um eine bewußt deutsche Erziehungs- und Klugheitslehre für Studenten handelte, die zugleich auf eine Reform innerhalb der Universität abzielte. Schriften und Streitfragen, zum Teil kirchenpolitischen Inhalts kamen dazu, zum Beispiel das Rechtsgutachten von 1689, womit THOMASIUS für A. H. FRANCKE und seine pietistischen Freunde im Streit mit der theologischen Fakultät eingetreten war. Schwerer wog es, wenn solche Streitigkeiten über den Universitätsrahmen hinausgetragen wurden. In der Auseinandersetzung mit dem dänischen Hofprediger MASIUS ging es um Fragen des kirchenrechtlichen und religionspolitischen Absolutismus des Landesherrn.[8] Das führte zu Beschwerden des dänischen Königs beim sächsischen Kurfürsten, womit dieser Streit einen recht unliebsamen außenpolitischen Einschlag bekommen hatte. Ebenso mußte 1689 seine befürwortende Haltung in einer Ehe zwischen lutherischen und reformierten fürstlichen Brautleuten in den betroffenen Kurfürstentümern Sachsen und Brandenburg als „Einmischung in eine offensichtlich politische Angelegenheit“ angesehen werden.[9] Andere Vorlesungen und Schriften gaben keinen besonderen Anstoß. Außerdem war in diesen Jahren wiederholt versucht worden, manche solcher Streitfragen als innere Angelegenheit der Universität beizulegen, auch wenn das Oberkonsistorium mit beteiligt war. THOMASIUS verteidigte sich (Monats-Gespräche); aber schließlich kam es doch zum Bruch; selbst seine Gönner am sächsischen Hof waren gereizt und zogen sich zurück. Am 10. 3. 1690 wurde ihm durch die Universität bei einer Geldstrafe endgültig verboten, weiter zu lehren und zu schreiben, d. h. zu veröffentlichen. Damit war die Lebensgrundlage für ihn und seine Familie mit drei Kindern entzogen, und er mußte gehen. Es war keine „Flucht“, wie oft behauptet worden ist. Sein Weggang von Leipzig und seine unbehelligte Übersiedlung nach Halle, wie es seinem Wunsch entsprach, waren vorbereitet, wie LIEBERWIRTH im einzelnen nachgewiesen hat. Auch von einem Haftbefehl, der ergangen sein sollte, ließ sich in den Archiven nichts feststellen, obwohl THOMASIUS davon spricht.[10] Das war im Alter und wurde von ihm mit einer gewissen Zurückhaltung ausgedrückt. Am 18. 3. 1690 verließ er Leipzig. Frau und Kinder, von ihm „öffentlich abgeholet", samt dem Hausrat durften schließlich ein Jahr später nachkommen. THOMASIUS hat wohl noch lange unter diesem Bruch gelitten. Dem ersten halleschen Vorlesungsprogramm vom 27. 4. 1690 spürt man die unmittelbare Erregung noch an, und auch später klingt sie nach. Denn die Streitigkeiten mit Leipzig waren durchaus nicht beendet. Das Eindringen seiner Lehren und Schriften suchten besonders die Theologen, Oberkonsistorium und Universität zu verhindern, und nur langsam ließ der Widerstand, auch der philosophischen und juristischen Kollegen nach.

Seine Anziehungskraft in der neuen Heimat wuchs und blieb auch in der alten Heimat nicht verborgen. So kam es seit 1705 zu Verhandlungen, um THOMASIUS dorthin zurück zu berufen. Er ging nur mit Vorsicht darauf ein; schließlich scheiterten sie. Das wiederholte sich im Jubiläumsjahr 1709 mit sehr ehrenvollen Angeboten an ihn, mit Verhandlungen beider Könige, wobei man ihm die letzte Entscheidung überließ. Er blieb in Halle, wurde zum Geheimen Rat ernannt mit der Aussicht auf künftige Fakultäts- und Universitätsämter nach dem Tod von S. STRYK, seinem ehemaligen Lehrer und damaligen, berühmten Kollegen.[11] Vielleicht lag ein nie überwundenes Mißtrauen gegen seine frühere Universität vor, vielleicht auch schon eine gewisse Altersstimmung, die ihn von der Rückkehr abhalten ließ. In Halle hat er noch fast 20 Jahre gelehrt und die verschiedensten Fakultäts- und Universitätsämter innegehabt. Er ist hier am 23. 9. 1728 gestorben.

Der Anfang seiner Hochschularbeit in Halle war keinesfalls leicht. Zwar hatte er Stützen an hohen brandenburgischen Beamten und kurfürstlichen Verwandten und war vom Kurfürsten sehr wohlwollend aufgenommen worden. Am 4. 4. 1690 wurde er zu seinem Rat ernannt, mit dem Auftrag, Vorlesungen und dergleichen „wie bisher in Leipzig" zu halten. Zum Professor wurde er am 27. 8. 1691 ernannt. Aber er war zunächst ganz allein auf sich gestellt, denn es gab noch keine Universität. Die Landesherren hatten allerdings schon seit langem dort eine moderne Universität errichten wollen, aber es kam erst am Ausgang des 17. Jahrhunderts dazu. Die vorhandene Ritterakademie, eine Erziehungsanstalt für junge Adlige, war nicht die Keimzelle für die Universität, wie immer wieder in der Literatur behauptet wurde. Im Gegenteil, nach den neuesten Forschungen wuchs sie erst später in die Universität hinein.[12] Die anfängliche Lage wurde dadurch erschwert, daß die Stadt keineswegs über den Plan und den Beginn erfreut war. Man befürchtete durch den Zuzug vieler junger Leute ein unruhigeres Leben, Händel mit der Garnison und ähnliches mehr, wie man von anderen Universitätsstädten wußte.

THOMASIUS begann mit 50 Zuhörern. Er mußte zunächst alles an Stoff bieten, was für Studenten der Rechtswissenschaft verlangt werden konnte. Der Zulauf wuchs, und es zeigte sich sehr bald, wie der Ruf von THOMASIUS die Errichtung der Universität gefördert hat. Er wird mit Recht als ihr geistiger Begründer angesehen. Nach und nach wurden alle Fakultäten besetzt, so daß die Universität am 1. 7. 1694 feierlich eröffnet werden konnte.

II

Werk (1). System

Was wissen wir von THOMASIUS' „Wissenschaftlichem Lebenswerk"? Der sichtbare Ausdruck liegt heute in der großen Bibliographie von ROLF LIEBERWIRTH vor (1955). Sie zeigt im einzelnen den Zusammenhang mit der Wissenschaft jener Zeit und die wissenschaftliche Entwicklungsgeschichte von THOMASIUS.

Die Bibliographie umfaßt die stattliche Zahl von 303 Werken; davon fallen auf die Leipziger Zeit 44; insgesamt eingeschlossen sind 150 Dissertationen. Diese Werke haben verschiedensten Umfang, von sehr großen bis zu kleinen, dem Inhalt nach von Lehrbüchern bis zu Vorlesungsprogrammen, Dissertationen und Schriften über einzelne Themen. Aber aus allen diesen Formen gewinnen wir über das wissenschaftliche Werk hinaus auch Kenntnis von dem Menschen und Lehrer THOMASIUS, denn er spricht oft und gern von sich selbst. Im Alter mag er dann nicht mehr schreiben, er habe keine Zeit, bezeichnet sich selbst als „alten Salbader", der dann doch wieder schreibt, als Freunde ihn bitten, so daß wir sogar eine Art kleiner Lebensbeschreibung — an verschiedenen Stellen — von ihm über die Leipziger Zeit und die halleschen Anfänge haben.[1]

Die Bibliographie beginnt mit einer Dissertation von 1672 in der philosophischen Fakultät über Staatslehre, wofür THOMASIUS als Magister präsidierte. Das hat LIEBERWIRTH gegen andere, frühere Auffassungen sicher festgestellt. Viele der Schriften sind wiederholt, mitunter über lange Zeit sich erstreckend, aufgelegt worden, denn die Nachfrage war offenbar groß. Das galt auch in Bezug auf Sammlungen. Von einigen seiner Schriften hat er selbst welche veranstaltet. Es handelt sich um „Kleine Teutsche Schriffften", 1701 und „Außerlesene und in Deutsch noch nie gedruckte Schriffften", 1705. Bemerkenswert für THOMASIUS betont er in der Vorrede, daß gerade durch die Übertragung aus dem Lateinischen ins Deutsche Auseinandersetzungen über wesentliche Fragen, zum Beispiel über die Kebsehe, nun auch einem weiteren Leserkreis wunschgemäß zugänglich gemacht würden. Ähnliches gilt für den engeren Fachbereich von lateinischen „Disputationen" über 48 Fragen zu einem eigenen Werk, den berühmten Institutiones jurisprud. divinae 1688ff. und 1694, und von den Selecta feudalia 1708.[2] Eine spätere Sammlung von 1724 umfaßt Vorlesungsprogramme, andere Hochschulschriften und Briefe, überwiegend juristischen Inhalts. Eine Sammlung seiner Dissertationen hat er nicht veranstaltet. Das geschah erst 45 Jahre nach seinem Tod durch Uhl, Prof. juris Frankfurt/O. Auf den Wunsch vieler Gelehrter, heißt es im Vorwort, solle das gesamte Werk des „heute noch berühmten Mannes" der Nachwelt erhalten werden, denn viele seiner Schriften seien schon selten geworden. Bei der noch greifbaren Menge könne erst einmal mit den Dissertationen begonnen werden: 4 Bände 1773/80. Ob alle Dissertationen darin erfaßt worden sind, ist nicht völlig sicher; jedenfalls konnte Lieberwirth noch einige dazu feststellen. Eine Dissertationssammlung, die Thomasius 1693 herausgegeben hat, umfaßt 63 Stück. Es handelt sich aber dabei um Arbeiten des Vaters Jacob Thomasius, und nicht, wie Fleischmann angibt (Rede), um solche des Sohnes. Das geht eindeutig aus dem Titel und dem jeweiligen Gegenstand hervor. Im übrigen sind einzelne, beachtliche, davon wiederholt aufgelegt worden. Eine Sammlung seiner Rechtsgutachten hat er ebenfalls nicht veranstaltet. Wir sind dafür auf die v. Ludewigsche Sammlung 1733/34, Consilia aus dem Spruchkollegium der Fakultät, angewiesen. Bereits am 3. 1. 1693 hatte die Fakultät vom Kurfürsten das jus respondendi erhalten, das Recht, auf Anfragen in Zweifelsfällen zu „urtheilen", das hieß Rechtsantworten, Rechtsgutachten zu erteilen. Diese Antworten wurden wie üblich anonym, nur als Kollegium gegeben. Aber in dieser Ludewigschen Sammlung sind die Namen der Referenten, die den Fall bearbeitet und die Antwort entworfen hatten, genannt. Man erhält daraus einen Einblick, welche umfangreiche Arbeit noch neben der Arbeit als Hochschullehrer zu leisten war. Thomasius hat einige, zum Teil Privatgutachten in seine Juristischen Händel 1720ff. und Gemischte Händel 1723 aufgenommen. Gerade sie sind besonders aufschlußreich, weil Thomasius stets die Vorgeschichte aus den Akten und ihre Bewertung in voller Breite mitteilt. Man kann dadurch das gesamte Rechtsleben, was sich zwar auch im Gutachten spiegelt, noch viel deutlicher erfassen. Hier erzählt er auch den Fall „einer ungegründet angegebenen Hexe", von dem aus er nach eigenen Fehlern zur Einsicht und zum Kampf gegen die Hexenverfolgungen und die Folter geführt worden ist.[3]

Diese beiden Fallsammlungen im weitesten Sinn werden zuweilen unter dem Begriff „Zeitschriften", weil fortlaufend erschienen, eingeordnet. Sie haben aber kaum noch mit den früher von Thomasius herausgegebenen Zeitschriften etwas zu tun. Thomasius scheint solche Mitteilungsart schneller Veröffentlichungen besonders für Buchbesprechungen, Gesellschafts- und Zeitkritik gern gebraucht zu haben. Sie waren aber alle nur von kurzer Dauer. SCHILLER erwähnt die „Monatsgespräche" als „erstes Journal", zutreffend gemeint als erstes deutschsprachiges Journal.[4] Die „Monatsunterredungen" der Fruchtbringenden Gesellschaft (Rist 1663) lagen zwar schon vor, sonst aber nur lateinische, zum Beispiel seit 1670 die „Ephemerides Academiae Naturae Curiosorum ..." mit verschiedenen Titeln der Leopoldina (Leipzig/Frankfurt); die „Acta Eruditorum" seit 1682 (Leipzig), an denen THOMASIUS mitgearbeitet hat. Ein anderer Versuch von ihm, ebenfalls stark zeitkritisch gerichtet, die „... Historie der Weißheit" scheiterte nach kurzer Zeit 1693, obwohl er sie nicht mehr allein bestritt. Auch die erste wissenschaftliche Zeitschrift an der Universität Halle, seit 1700, gab er mit anderen zusammen heraus, die „Observationes ...", sie erschienen zunächst lateinisch, dann in deutscher Sprache, aber wie üblich, ohne daß Verfasser genannt wurden. Von THOMASIUS stammen die Abhandlungen über Schulen, sowohl lateinisch wie deutsch. Berichte und Bewertungen über Bücher finden sich in gleicher Form noch in den „Summarischen Nachrichten" aus seiner Bibliothek (1715/18).[5]

Der Zugang zu dem Werk von THOMASIUS ist nicht leicht. Es ist klar, aber man muß sich in einer zunächst verwirrenden Vielseitigkeit und in einer besonderen Spannweite zurechtfinden. Dazu kommt noch etwas weiteres, für sein „temperamentum" bezeichnendes: Alle seine Grundsätze in rechtlicher und philosophischer Hinsicht, seine Ziele und Wege der Erziehung sind in sämtlichen Werken verstreut. Man kann zugespitzt sagen, daß von den ersten Arbeiten an im Grunde alles Wesentliche darüber in jeder zu finden ist, ob verändert oder ergänzt. SCHRÖKH, auf den SCHILLER anspielt, sagte noch 1778 bewundernd, aber doch etwas fassungslos: „Thomasius hat in zu vielen Theilen der Gelehrsamkeit gearbeitet, war viel zu fruchtbar an Meinungen, Entwürfen, Vorschlägen, hat auch zu mannigfaltige Veränderungen hervorgebracht, als daß wenige Bogen dies alles faßen könnten." Er beschränke sich deshalb auf den bedeutenden Mann, ohne viel auf den „Gelehrten" einzugehen. Das hätte er gern den Fachkollegen überlassen. Die aber versagten sich auf seine Frage, offenbar aus dem gleichen Grunde. Nur eines der berühmtesten Werke sei als Beispiel angeführt: Die „Institutiones jurisprudentiae divinae ..., Drey Bücher der Göttlichen Rechtsgelahrtheit ..." auf der Grundlage eines Werkes über das Natur- und Völkerrecht von S. PUFENDORF, 1688. THOMASIUS entwickelte darin gleich zu Anfang die Gedanken von GROTIUS/PUFENDORF weiter, änderte und ergänzte sie später, von diesem Einfluß gelöst nun selbständig in den „Fundamenta ..., Grund-Lehren des Natur- und Völcker-Rechts ..." 1705. Aber auch dazu müssen noch aus anderen Werken Ergänzungen und Erläuterungen herangezogen werden, um einen vollständigen Eindruck seiner grundsätzlichen Ordnung in der Auffassung zu gewinnen. Er selbst sagt einmal, daß ein weiser Mann sieht, wie alles Wissen nur Stückwerk sei und vergleicht ihn (sich!) mit einem Maler, der „an einem Bilde immer zu einer Zeit nach der andern etwas an seinen Lehren auszubessern und vollkommener zu machen findet“.[6]

Die Arbeiten von THOMASIUS beziehen sich auf alle Gebiete des Rechts und der Philosophie, wenn auch deutlich seine Neigung auf besonderen Gebieten liegt. Ein Professor mußte alles, was zum Studienstoff gehörte, beherrschen und darüber lesen. Es gab kein Spezialistentum oder Monopol. Das Fach war mit dem Lehrstuhl verbunden, und dieser konnte von jedem, mit den Institutionen des Römischen Rechts bis zum Kirchen- und Kanonischen Recht im Aufstieg erreicht werden. Man sieht aber doch, daß in diesem Rahmen schriftlich wie mündlich von einem Professor jeweils auch bestimmte Gebiete bevorzugt wurden. Das ist zum Beispiel bei THOMASIUS in der Philosophie zu beobachten. Hierin zog ihn die praktische und mitmenschliche Seite, die Ethik mehr an als die Logik; obwohl er, wenn er philosophische Vorlesungen hielt, selbstverständlich den gesamten Stoff anbieten mußte. In der Rechtswissenschaft lagen ihm besonders am Herzen Rechtsgeschichte, Kirchenrecht und Kirchenrechtsgeschichte, und immer, mit besonderem Nachdruck behandelt: die deutsche Rechtsgeschichte, das Verhältnis vom deutschen und römischen Recht, vor allem das Privatrecht. In den Dissertationen befaßte er sich überwiegend mit rechtlichen Fragen aus nahezu allen Gebieten.

Die Mannigfaltigkeit seiner Arbeiten im inneren wie äußeren Sinn hat dazu geführt, daß zuweilen von ihm gesagt wurde, besonders in der Neuzeit, es fehle bei ihm an einem geschlossenen „System“, das etwa in einem Buch niedergelegt worden sei. Solche Auffassung findet sich einmal bei G. W. LEIBNIZ. Wieweit sie, ob überhaupt, irgendwie gewirkt hat, konnte ich bisher nicht feststellen. Sie wird aber fast regelmäßig in der neueren Literatur mit angeführt. Es handelt sich um eine recht unfreundliche, fast spöttische Bemerkung von LEIBNIZ über die Philosophie von THOMASIUS. Er spricht sonst höchst anerkennend von den juristischen Werken, zum Beispiel in Briefen an Professor KESTNER (Rintelen). Aber gerade in solchem Zusammenhang heißt es doch einmal (1711) von dem „celeberrimus Thomasius“...: „Sed philosophia ejus adhuc sylvestris est, ut sic dicam, et antipodialis.“ Das ist nach dem Zusammenhang aber eindeutig auf philosophische Arbeiten von THOMASIUS ganz allgemein bezogen, nicht auf seine Hofphilosophie 1688, wie ERIK WOLF annimmt. Diese Arbeit bezeichnet er, insofern LEIBNIZ einschränkend, mit Recht nicht als ein theoretisch-philosophisches Werk, sondern als eine „Verhaltens- oder Klugheitslehre für den jungen Weltmann“. Sie war übrigens als Lehrgrundlage für Erzieher am Hofe bestimmt und würde aus der Sicht von THOMASIUS, wie manche seiner Schriften, unter den Begriff der Philosophie, das heißt Ethik und Bildungslehre, fallen. Das ist jedoch für diese Stelle bei LEIBNIZ gleichgültig, denn in seinem Brief nennt er überhaupt kein bestimmtes philosophisches Werk. In THOMASIUS' eigener Zeit und später sah man das anders. Das zeigen Nachrufe und Lebensbeschreibungen (ZEDLER, JÖCHER u. a.) worin die Auffassung herrscht, daß THOMASIUS auch in philosophischer Hinsicht aus überkommener Beschränkung heraus und weiterbildend geführt habe. Ein System wird man immer nur in Bezug auf die jeweils eigene Zeit finden können und mit großer Vorsicht neuzeitliche Denkkategorien anwenden, besser vielleicht vermeiden müssen. Für einzelne Gebiete sind bereits neue Arbeiten herausgekommen, und es ist zu hoffen, daß andere folgen werden. Damit könnte in die Entwicklung der Systematik vor, bei und nach THOMASIUS eine bessere Einsicht vermittelt werden.

Einen sichereren Zugang zu THOMASIUS findet man nach meinem Eindruck, wenn man ihn als Hochschullehrer begreift. Er gehört zu der Gruppe von Professoren, die begabt sind zu lehren und zu erziehen und die Forschung und Systematik dieser starken Neigung einordnen. Seine Arbeit ist den Studenten gewidmet. Das wird schon äußerlich sichtbar, denn auf Titelblättern heißt es häufig: „Zum Gebrauch ... des Thomasianischen auditorii ...“ Oder sie sind, oft deutlich zu erkennen, aus und für Vorlesungen entstanden. Ob es Programme sind oder andere Schriften: liest man sie einmal laut, so kann man sich den Kathedervortrag gut vorstellen.

Alles wird von der großen europäischen Bewegung der Aufklärung getragen. THOMASIUS war einer ihrer berühmten und eindrucksvollen Vertreter. Er kämpfte gegen „Vorurteile“, d. h. gegen die Dunkelheit überkommener Autoritäten mit dem Ziel, sie aufzuhellen und die Belastung von den Menschen zu nehmen, auf weltlichem wie kirchlich-religiösem Gebiet, allgemein wie im akademisch-wissenschaftlichen Bereich. Das gründete sich auf eigene Erkenntnis, dank der ratio, wonach alles selbständig und bewußt zu prüfen sei, auch das Christentum, obwohl er sich dabei immer der Führung Gottes anvertraut wußte. „Es sind zwei Lichter, den verfinsterten Verstand zu erleuchten, das natürliche Licht des Verstandes und das übernatürliche Licht der Offenbarung“, wie ZEDLER zu THOMASIUS' Vernunftlehre einmal sagt (Sp. 1555, I). Was die Vernunft einschränkte, war nach ihm „Vorurteil“, sei es in Bezug auf Rechtsauffassungen, Rechtseinrichtungen, gesellschaftliche Bewertungen etwa im Hinblick auf niedere Stände.

In diesem Zusammenhang steht die rechtsphilosophische Frage nach dem Naturrecht. Es bietet sich in vielen Schriften mit „verwirrender Vielfalt“ dar.[7] Über Inhalt und Wirkung für damals bis heute sind nur einige Hauptlinien zu erkennen. Trotz vieler neuzeitlicher Arbeiten darüber wird es noch manche Mühe kosten, der zeitgenössischen Fülle einigermaßen Herr zu werden. Damals erfolgte die Auseinandersetzung unter verschiedenen Bezeichnungen als Satzungsrecht, Schulrecht und so weiter einerseits und ihm gegenüberstehend als

Naturrecht andererseits, dem „Rechte, das mit uns geboren ist ...“, = das angeborene „Menschenrecht“, oder wie es sonst genannt wird und wovon THOMASIUS einmal, klug einschränkend, sagte: „Daß das Recht der Natur zwar den Heyden ins Hertze geschrieben sey aber nicht alles, was den Menschen ins Hertz geschrieben ist, das Recht der Natur sey.“[8] Dieses Recht wurde zur gestaltenden Macht des Soziallebens und beherrschte das Rechts- und Gemeinschaftsbewußtsein der Zeit. Es ist kein Recht im Sinne des positiv geltenden Rechts, des gesetzten oder sonstwie überlieferten Rechts, sondern ist nur ein Teil des Rechtsbegriffes; es ist „das Gewissen des positiven Rechts“, sein „Wächter“, damit es „den Rechtsbegriff erfülle ...“ Die darin enthaltene ständige Kritik führte allmählich dazu, daß auch in der Gesetzgebung neue Maßstäbe aufgestellt wurden. Nach THOMASIUS war die Geltungskraft allen Rechts nur dann gewährleistet, wenn es mit den Gesetzen der Natur übereinstimmte, und zwar so, wie diese vom menschlichen Verstand gedeutet wurde.[9]

Von diesem Grunde aus wirkte THOMASIUS. Er prüfte, tadelte, griff die Rechtszustände seiner Zeit an und sah darin eine der wichtigsten Aufgaben der Rechtswissenschaft überhaupt. Aber er ging damit noch weiter und zeigte den Weg und die Mittel zur vernunftgemäßen Änderung. Ein besonders eindrucksvolles, stellvertretendes Beispiel sei dazu angeführt: der Kampf gegen die Hexenverfolgungen. Seine Dissertationen und andere Schriften zu diesem Fragenkreis sind mit Recht als „Marksteine der Aufklärung“ bezeichnet worden. Sie haben bis heute seinen Ruhm begründet. In ganz bescheidenem Maße gehörte dazu bis in die Mitte dieses Jahrhunderts eine mündliche Überlieferung in Halle, wonach THOMASIUS Frauen, die wegen Hexerei verfolgt worden seien, im Keller seines Hauses verborgen gehalten habe. Daß sich dies nicht „beweisen“ läßt, sachlich auch nicht glaubhaft erscheint, ist gleichgültig. Die Spannung zwischen geschichtlicher Wirklichkeit und dem Sinn einer Sage wird hier zugunsten einer höheren Wahrheit aufgehoben. Das „Mark der Wahrheit“ liegt eben doch darin, wie GOTTFRIED KELLER in einem Sonett — Die Tellenschüsse — sagt. Die kleine Sage scheint in Halle untergegangen zu sein; es ist auch sonst nichts derartiges, etwa in Büchern, überliefert worden.

THOMASIUS war nicht der erste und nicht der einzige, der sich mit der Frage der Hexenverfolgung befaßt hatte. Aber die Art, wie er es getan hat, ist für ihn und für den entscheidenden Erfolg bemerkenswert. Noch lag über den Anfängen des Kampfes über ihm wie über anderen eine gewisse Gefahr: der Vorwurf des Atheismus. Aber nachdem er sich die Sache zu eigen gemacht hatte und sich immer wieder, sein Leben lang dafür einsetzte, überzeugte er auch andere vom Grunde der Wahrheit, die er gefunden und mit allen seinen Möglichkeiten durchzusetzen verstand. Schon der Anfang ist beachtlich. Er berichtet selbst sehr anschaulich in späteren Jahren davon, wie er dazu gekommen ist.[10] Der Fall war der Fakultät als Spruchkollegium vorgelegt worden. Die Frage lautete, ob die Folter als Beweismittel anzuwenden sei, um die Angeklagte zu dem Geständnis zu bringen, daß sie Verbindung mit dem Teufel gehabt habe. Beweise dafür fehlten — der Indizienbeweis war noch nicht ausgebildet worden — es blieben nur Zeugen oder Geständnis übrig. Die Frau leugnete, gestand also nichts; die einzige Zeugin war verbrannt worden. THOMASIUS erhielt im gewöhnlichen Geschäftsgang die Akten zum Bericht und Entscheidungsvorschlag. Das war 1694, THOMASIUS stand also bereits im 40. Lebensjahr. Er äußerte sich unbefangen, wie es schien, denn es waren „die ersten Hexen-Acten meines Lebens" — übrigens auch für die Fakultät — und er teilte „die gemeine Meinung" der Zeit: durch Anwendung oder Bedrohung mit der Folter könne hier eine Verbindung mit dem Teufel bewiesen werden. „Warumb? ich hatte es so gehöret und gelesen und der Sache nicht ferner nachgedacht." Wie in allen diesen Händeln berichtet er eingehend über alle Vorgänge des Falles, so daß man hier im Gegensatz zu sonstigen Spruchsammlungen den vollen Eindruck von der Sache und allen Rechtsverhältnissen bekommt. THOMASIUS entschied sich für mäßige Anwendung der Folter. Zu seinem Erstaunen waren die Kollegen einstimmig gegen ihn, und er mußte eine neue Antwort entwerfen, die auf Haftentlassung und weitere Beobachtung des Lebenswandels lautete. Er war „verdrossen", weniger über die Kollegen, als über sich selbst. Und nun geschah das Besondere und Eindrucksvolle: Er sah ein, daß er gegen seine eigenen Lehren in der Logik, wie er sagt, verstoßen hatte, nämlich die zwei „Haupt-praejudicia menschlicher Autorität und der Übereilung (zu) meyden". Er begann an überlieferten Anschauungen und Praxis zu zweifeln und befaßte sich von nun an grundsätzlich mit allen Fragen, die sich auf Ketzer- und Hexenverfolgung bezogen. Nach Halle wurden, wie er weiter berichtet, noch mehr solcher Akten geschickt, was dazu diente — der zweite Schritt — ihm „die Augen immer weiter und weiter auffzuthun und die miserable Prostitution der Hexen-Richter und Advocaten zu erkennen". Dieses „erkennen" hieß bei ihm, den Dingen auf den Grund zu gehen, ihre Entwicklung zu untersuchen und so die ersehnte Wahrheit zu finden; mit der weiteren Folge — dritter Schritt — nun die ganze Kraft dafür einzusetzen, den bisherigen Rechtszustand zu ändern. Das geschah in verschiedenenen Werken, besonders aber in einer Reihe von berühmt gewordenen Dissertationen. Er bemühte sich auch um einschlägige Werke aus dem Ausland. So schrieb er die Vorrede zur Übersetzung eines englischen Werkes, das die „so genannten Hexereyen" behandelte.[11]

Entscheidend war es, daß sich für diese Fragen die Rechtsauffassung geändert hatte. THOMASIUS ist nicht der erste und nicht der einzige gewesen, der sich damit befaßte, aber die Art, wie er von der Erkenntnis ausgehend sich für Änderungen einsetzte, ist doch besonders bemerkenswert. Er ließ sie ja auch in verschiedenen Dissertationen vertreten. Die Rechtsgrundlagen für alles waren kurz folgende: Wenn Ketzerei als „Irrtum" angesehen werden mußte, Hexerei als ein eingebildetes, fiktives Verbrechen, waren sie strafrechtlich nicht faßbar; die Folter, um ein Geständnis über ein nicht mögliches Verbrechen zu erzwingen, war nicht anzuwenden. Denn es gibt, so die grundlegende Wandlung, keine körperliche Existenz des Teufels, es gibt nur eine geistige Existenz, den „bösen Geist". Das wird nicht bestritten. Es gibt also erstens kein körperlich-stoffliches Bündnis mit den sogenannten Hexen. Zweitens beruhen die Geständnisse durch die Folter auf einem eingebildeten Verbrechen, auf Wahnvorstellungen, und sie sind nur unter körperlichen Qualen entstanden. Deshalb folgt drittens die Forderung für den Prozeß, dieses sogenannte Beweismittel, die Folter, abzuschaffen. Damit schließt die berühmte Dissertation „De tortura ...[12] „... Ich behaupte, daß aus dem Erklärten hinreichend erhellt, was ich im Titel dieser Dissertation behauptet habe, nämlich, daß die Folter, welche eine irreligiöse, ungerechte Sache ist und zum göttlichen wie zum Naturrecht im Gegensatz steht, längst hätte aus den Gerichten der Christen verbannt werden müssen." Höchst beachtlich ist nun aber THOMASIUS' Stellung dazu. Als Dekan und Präses äußerte er sich in einem Brief an seinen Kandidaten. Der Brief wurde, wie üblich, mit der Dissertation zusammen vor dem Streitgespräch veröffentlicht. Derartige Briefe haben meistens die Eigenschaft einer laudatio oder öfter noch eines Fleißzeugnisses. Hier liegt es anders. Zunächst ist der Brief eine kleine wissenschaftliche Abhandlung, die mit dem Hinweis auf die akademische Freiheit der Meinungsäußerung beginnt, die Studenten/Kandidaten ebenso wie den Professoren zustünde. Deswegen vertrete er hier seine Meinung gegenüber dem selbständigen Verfasser der Dissertation; THOMASIUS bezeichnet ihn eindeutig als Autor: MARTIN BERNHARD aus Pommern. Zurückhaltend bemerkt er dann, im Grundsatz mit dem Kandidaten einverstanden zu sein, aber die gesamte Rechtslage müsse noch abgewogen werden. Sie sei mit der Lage des Arztes am Krankenbett zu vergleichen, und es sei zu bezweifeln, ob jetzt schon den Regenten geraten werden könne, die Folter abzuschaffen. Manches müsse noch bedacht werden. „Nondum liquet", noch ist nicht alles klar, aber das Ziel, die Folter aufzuheben, bleibe. Das ist gegenüber seiner sonstigen Schärfe auffällig. Aber es wurde damit weder in der Forderung noch in der Begründung etwas zurückgenommen, sondern nur eine geeignetere Grundlage für die Verteidigung geschaffen, wie LIEBERWIRTH überzeugend nachgewiesen hat. Die erwarteten Angriffe blieben nicht aus, freilich auch nicht Zustimmungen. Davon zeugen weitere Dissertationen und Schriften. Die letzte zu seinen Lebzeiten erschienene Arbeit befaßte sich noch einmal mit Fragen zur Hexerei.[13]

Alles wirkte über den akademischen Bereich hinaus. Generationen von Juristen trugen diese Reformgedanken von der Universität mit in die Praxis; die Gesetzgebung wurde entscheidend beeinflußt. In Brandenburg/Preußen zum Beispiel begann die allmählige „Abstellung der Mißbräuche bey denen Hexenprozessen ..." mit einem königlichen Rescript vom 13. 12. 1714. Danach mußte jedes Urteil, das auf Folterung erkannte, jedes Todesurteil in Hexensachen dem König zur Bestätigung vorgelegt werden. Weiter wurden am 8. 7. 1717 „Bedencken" gegen die Folter erhoben und größte Behutsamkeit befohlen. Gleiches ist in das Verbesserte Landrecht 1721 VI, Tit. II Art. 2 aufgenommen worden, bis beim Regierungswechsel Friedrich II. durch eine Kabinettsordre vom 3. 6. 1740 die Folter, außer bei Landesverrat und Mord, beseitigt wurde. Endgültig und allgemein geschah das durch zwei Kabinettsordres 27. 6. und 4. 8. 1754; teilweise mit Bezug auf THOMASIUS. Wesentlich später noch, 20. 4. 1780, wurde deswegen auf ihn hingewiesen: In dem Elogium zur Sammlung THOMASIanischer Dissertationen (Ausgabe UHL) spricht PÜTTMANN, Professor juris in Leipzig: „daß seit den Zeiten von THOMASIUS die Frauen, was bis dahin nicht möglich gewesen sei, sicher und ohne Angst (Gefahr) des (Feuer)-Todes alt werden, ja sogar das hundertste Jahr erreichen konnten".

III

Werk (2). Erziehungsfragen

Diese Arbeiten aus dem Strafrecht und Strafprozeß sind nur ein Beispiel für die Wirksamkeit von THOMASIUS. Auch andere Fragen, ebenso nachdrücklich behandelt, liegen uns in vielfältigen Ausdrucksformen seiner Hochschularbeit vor. Einige wesentliche seien herausgegriffen: in der Philosophie die Sittenlehre, die Erziehungsfragen insgesamt und auf rechtlichem Gebiet Fragen der Geschichte, des zivilen Rechts und sein „Kampf" gegen fremdes, römisch-kanonisches Recht.

Von der Grundlage her, der Kritik an den Mängeln und dem Willen zur Reform, ist die Stellung von THOMASIUS innerhalb der Universität gut zu verstehen. Kritik wurde von allen Seiten geübt. Sie galt den gesamten Kultur- und Bildungseinrichtungen, den Schulen sowohl wie vorzüglich dem Lebensbereich der Hochschulen. Die Klagen darüber waren allgemein und sie waren nicht neu. Gewiß war die Erziehungsarbeit durch die Kriege im 17. Jahrhundert verwahrlost, ihre sittlichen Grundlagen erschüttert, aber geklagt und geschrieben wurde darüber schon vorher. Dieses Schrifttum kannte THOMASIUS gut, und er hatte sich selbst einmal von dem Wert der praktischen Wirksamkeit auf diesem Gebiet überzeugt. Als er im Herbst 1689, eingeladen, die „Kunst- und Tugendschule" von ERHARD WEIGEL, Professor der Mathematik (1653—1699) in Jena besucht hatte, berichtete er darüber in den „Monats-Gesprächen". Nach ersten Vorbehalten stimmte er danach begeistert zu. Im übrigen hatte auch LEIBNIZ, von WEIGEL sehr angezogen, 1663 dort ein Semester studiert.[1]

Erziehungsfragen haben THOMASIUS Zeit seines Lebens beschäftigt. Er spricht davon und setzte sie, im Unterricht ausführend, mit ein. Sein Interessengebiet ist auch hierfür weit gespannt. Das zeigt zum Beispiel eine Untersuchung über Schulen, deren geschichtliche Entwicklung er, mit Cain beginnend, bis zu eigenen Reformvorschlägen über den Aufbau neuer Schularten durchführt. Sie sind lateinisch, später auch deutsch in den „Observationes ..." 1700ff. erschienen. Die Kritik an den Schulen und Hochschulen war scharf und wurde zuweilen auf die Spitze getrieben mit der bewußt sinnlosen Forderung: Es solle alles abgeschafft werden, weil das Übel unheilbar sei. Thomasius griff das auf, lehnte eine solche Einstellung ab und verlangte Reformen. Auch hier war es bemerkenswert, daß er bei sich selbst begann; denn der landesherrlich geregelte Studiengang ließ alte wie neue Fragen noch ungelöst. Er bezeichnete genau die Fehler, auch die eigenen und schlug Änderungen vor. Von Anfang an sieht man diese Bemühungen, ob sie nun ausdrücklich im Titel angezeigt sind, zum Beispiel schon früh „Von den Mängeln der heutigen Academien ..." (1688), oder ob sie in vielen Werken verstreut sind, vor allem in den Vorlesungsprogrammen. Zur besseren Erkenntnis solcher Schwierigkeiten, besonders in Leipzig und Wittenberg im 15.—17. Jahrhundert, verfaßte er für die Studenten einen kleinen geschichtlichen Abriß, um Mängel und Änderungswünsche verständlicher machen zu können: „Ein kleiner Versuch von Annalibus 1409 bis 1629" (1717).

Alle diese Fragen, ihre Grundlagen und ihre Richtung sind für ihn nur von dem einen Ziel der Universitäten gesehen: „sie heißen" und sollen es sein „Seminaria Ecclesiae et Reipublicae", denn aus ihnen werden „die Leute" genommen, die man im „Lehr- und Wehrstand braucht", auf den Kanzeln und auf dem Katheder.[2] Sie haben insofern einen praktischen Zweck für die höheren Ämter in Staat und Kirche zu erfüllen und damit sollen sie, nach Thomasius' Auffassung, für alle Stände zum Nutzen sein. Aber dem umfassenden Bildungsziel der Universität, einem neuen Menschenbild, entsprechend, sollen sie im weitesten Sinn „mehr noch ... Pflantzgärten des Friedens" sein. Das war ein hohes Ziel, und es blieb nun weiter zu fragen, wie man es erreichen könne. Klagen darüber, gegenseitige Beschuldigungen und was sonst noch vorgebracht werden könnte — Thomasius äußerte sich darüber mitunter in sehr kräftigen Worten — halfen nicht weiter, und er versuchte den Weg zu zeigen, was und wie zu ändern sei; vor allem auch auf dem inneren Weg. Deshalb verlangte er immer wieder zweierlei von den Studenten: einmal sich gründliche Fachkenntnisse zu erwerben und zum anderen ganz allgemein Einsicht und Urteilsfähigkeit, die durch den richtigen Gebrauch der Vernunft angeeignet werde. Aber dazu bedurfte es der gemeinsamen Arbeit mit den Professoren, und hier lag nach seiner Meinung der Hauptfehler. Er nahm sich selbst nicht aus. Gerade die Professoren verlören das Ziel der Universitäten aus den Augen und entließen die jungen Menschen unzureichend fachlich wie menschlich ausgebildet in das Leben.

Gerade sie wären aufgerufen, diesen Kreislauf, der Aufgabe entsprechend sinnvoll zu bestimmen, dann würden die wohl Ausgebildeten, ob als Erzieher oder in sonstwelchem Beruf, als Eltern, in ihrem Bereich ebensolche jungen Leute heranziehen und gut vorbereitet auf die Universitäten schicken. Sie könnten dann auf anderen Voraussetzungen aufbauen.

In diesem Zusammenhang steht auch die Frage nach dem Studium sehr jugendlicher Personen. Denn die Studenten kamen nicht nur in geistiger Hinsicht ungenügend vorbereitet auf die Universität, sondern waren vielfach auch den seelischen Anforderungen, nämlich der akademischen Freiheit wie dem notwendigen Studiengang, nicht gewachsen. Nur an drei berühmte Leipziger Studenten sei erinnert: THOMASIUS wurde mit vierzehn Jahren als Student immatrikuliert (SS 1669), LEIBNIZ mit fünfzehn Jahren (1661), GOETHE kam mit sechzehn Jahren, im Oktober 1765, auf die fremde Universität. Sie waren noch eidesunmündig, konnten aber ausnahmsweise mit einem Gehorsamsgelübde zugelassen werden, wenn sie ausreichend vorgebildet waren. Es ist verständlich, wenn besorgte Eltern eine sichere Führung für diese jungen Leute wünschten und sie bei berühmten Professoren wohl am besten aufgehoben glaubten. THOMASIUS ist offenbar häufig mit solchem Verlangen nach „Kinder Zucht" und „inspection" behelligt worden, so daß er einmal halb verzweifelt, halb die Sache ins Lächerliche ziehend, erklärte, derartige Briefe nicht mehr zu beantworten. Er habe genug mit seinen Kindern zu tun, sei von Gott nicht zum Wächter über Israel bestellt, sondern, für ihn entscheidend und das oft betonte Merkmal seiner Pflicht gegenüber den Studenten: „Seine Churfürstliche Durchlaucht hat mich nicht zum Hoffmeister, sondern zum Professor hierher beruffen." Wegen der Erziehung seiner Söhne ist er später einmal angegriffen worden.[3] THOMASIUS trifft mit diesem sehr betonten Hinweis den Kern des gesamten Lehrer-Schüler-Verhältnisses. Er fühlte sich allen Studenten gegenüber verpflichtet, ohne Rücksicht auf Empfehlung, aber wenn sie ihn brauchten, war er immer bereit zu helfen.

Die allgemeinen Grundlagen und ein gewisser Ausgleich in der Vorbildung durch die „humaniora" wurden in der philosophischen Fakultät geboten. Sie war die Vorstufe für die höheren Fakultäten und mußte dafür auf jeden Fall, auch mit Prüfungen, durchlaufen werden. THOMASIUS zeigte die „Mittelstraße" für das Studium vor dem Fachstudium und warnte zu meinen, ohne Freie Künste und Philosophie die Rechtsgelehrtheit zu erlernen. Dabei kennzeichnet er die oberen Fakultäten. Die Rechtswissenschaft zum Beispiel „soll Mittel und Wege zeigen, den äuserlichen politischen Frieden zu fördern, zu erhalten, und dessen geschehene Turbation wieder zubringen". Zwar scheint sie zunächst „nicht so nothwendig" wie Medizin und Theologie zu sein, aber umgekehrt müssen deren Studenten auch von Rechtswissenschaft etwas wissen, um die „Gesetze der Republic" zu verstehen. Im übrigen seien alle 4 Fakultäten aufeinander angewiesen und sollen sich vertragen. Die philosophische Fakultät war für alle die Grundlage, also auch für das juristische Studium. Als besonders wichtig hielt THOMASIUS Kenntnisse und Übung in Philosophie, Sprachen und Geschichte und versuchte, sie in Vorlesungen und Schriften den Studenten nahe zu bringen. In der Philosophie legte er besonderes Gewicht auf die Sittenlehre und gab dafür anleitende Bücher zur Hand.[4]

Sein Ziel war, den sittlichen Willen entfalten zu lehren und die Studenten zu einem harmonischen Menschen, letzten Endes zu einem „Weisen" heranzubilden, eine Übereinstimmung im höchsten Sinn von Berufs- und allgemeiner Menschenbildung herbeizuführen. Nicht nur Wissensvermittlung für die fachlich gebundene spätere Praxis ist nötig, sondern auch für die Stellung in der Gemeinschaft bedarf es der Vermittlung auf philosophischer Grundlage, der „nützlichen Wahrheit" und lebendigen Weisheit. Die Grenze sah er in der dank der Vernunft erkannten eigenen Gebundenheit ebenso wie in der Möglichkeit oder Unmöglichkeit, die seelisch-sittlichen Kräfte zu fördern (Affektenlehre). Deshalb kann „die Erfindung neuer Machinen oder die Verbesserung alter Machinen" nicht „zur Besserung des Gemüthes" dienen; nicht zur Erkenntnis der für alle nützlichen Wahrheit führen.[5] Davon ausgehend begreift er dafür neben dem Honestum und Justum, unter dem Decorum die Wissenschaft von der Wohlanständigkeit, eine Klugheitslehre, die sich im menschlichen Gemeinschaftsleben zu bewähren habe. THOMASIUS hat über seine Meinung von der bewußten Pflege des Decorum sein Leben lang geschrieben und gesprochen, aber kein Werk unter dieser Bezeichnung hinterlassen. Die Frage danach hat ihm immer besonders am Herzen gelegen, und der Nachdruck, womit er dafür eintrat, hat ihn fortgesetzt in Schwierigkeiten gebracht. Das begann schon mit der „Nachahmung der Franzosen" und erreichte den Höhepunkt im Decorumstreit um die Wende des Jahrhunderts. Andere Fragen spielten mit hinein. Später hatte er sich scharf ablehnend in einer von A. H. FRANCKE „verlangten Erinnerung ..." zu dessen Entwurf über die „Einrichtung des Paedagogii in Glaucha an Halle" geäußert.[6] Das führte zum Bruch zwischen den ehemaligen Freunden und zu Streitigkeiten mit den Kollegen der theologischen Fakultät. Es waren überwiegend Fragen der Erziehung, für die sich zwar THOMASIUS stets interessiert hatte; aber er griff die Sache, hier die Gründung, als solche mit vielen aufreizenden Worten an, zum Beispiel: die Ausstattung einer armen Bauernmagd mit 10 Talern sei wichtiger und nützlicher als „reformationes", als 1000 Taler „zu einem Gestifte dergleichen piarum causarum zu verschwenden...". Wiederholt hatte er sich gegen lutherische Theologen, nicht gegen LUTHER und ihre Anstalten gewandt, in denen ja nur einseitig beschränktes Christentum vermittelt werde. Nach seiner Meinung hätten alle solche Einrichtungen im Zuge der lutherischen Reform ebenso wie die Klöster aufgehoben werden sollen.[7] Darüber hinaus aber hatte er ganz besonderen Anstoß mit seinen philosophischen Vorlesungen über das Decorum erregt. Diese Sitten- und Klugheitslehre war bei ihm durchaus religiös-sittlich gebunden. Als Christ und Professor, besonders auch für Kirchenrecht und Kirchenrechtsgeschichte, fühlte er sich berechtigt, die Quellen der Wahrheit, insbesondere die Bibel, selbständig und kritisch zu lesen. Er fühlte sich berechtigt, seine Auffassung darüber in Vorlesungen vorzutragen, in Programmen, Dissertationen und sonstigen Schriften zu behandeln. Bemerkenswerte Themen solcher Art sind zum Beispiel Dissertationen, die zwei der berühmtesten Prozesse der Geschichte behandeln: gegen Jesu 1675, gegen die Tempelritter 1705. In der Frage, Methode und in den Ergebnissen sind sie auch heute noch ansprechend. Ähnliches gilt von den Observationes.[8] Er lehnte für alles die überlieferten Schultheorien ab und ging auf die Quellen, die ursprünglichen Zeugnisse des Glaubens zurück. Die Bibel ist für ihn die Erkenntnisquelle von höchstem geschichtlichen Wert, aber sie muß aus ihrer Zeit heraus verstanden werden und ist der Vernunft entsprechend zu messen, unbelastet durch praejudicia und die Autorität der Kommentare; diese sind nicht verbindlich. Nur eine Richtschnur gab es für ihn, die göttliche Führung, der er sich anvertraut wußte. Es scheint mir ohne Zweifel, daß Thomasius auch theologische Fragen selbständig beantwortete. Das wird an verschiedenen Stellen deutlich, zeigen übrigens auch die Nachschriften seiner Decorum-Vorlesung. Wobei man bedenken muß, daß der Begriff „theologische Frage“, von der gegnerischen Seite gesehen, allerdings beliebig weit gespannt werden konnte. Jedenfalls gab es dauernd Anstoß, auch durch einige Dissertationen über Ketzerei, Zauberei, Sittengesetze, die in diese Zeit mit hineinfallen.[9] Es konnte auch von da aus der Vorwurf falsch verstandenen Christentums und damit ein das Seelenheil der Studenten gefährdender Einfluß erhoben werden. Dies alles im Zusammenhang gesehen, ließ einen ungünstigen Ausgang des Decorum-Streites erwarten. Schließlich hatte Thomasius noch in einer Rechtfertigungsschrift von seinen Gegnern verlangt, sie sollten sich von ihrer „Lehrart“ ab und der seinigen zukehren, weil sie vernünftig und christlich sei. Es war ein trostlos verwickelter Streit, ganz im Inneren der Beteiligten begründet, der trotz der nüchternen Aktenstücke und mancher Äußerlichkeiten auch heute noch ergreift. Ein königliches Rescript verbot am 27. 10.1702 die Vorlesung über diese und weitere „theologische Sachen“, er solle sich „nur auf das jus“ richten; wobei auch der nicht ungefährliche Vorwurf des Atheismus erhoben wurde. Er erhielt eine Verwarnung und die bisherige Vorlesungsankündigung mußte eingezogen werden. Das wurde Thomasius durch einen Senatsbeschluß mitgeteilt (1. 11. 1702). Wenige Tage später brach er die Vorlesung ab. Der Hörsaal scheint, nach Thomasius' Worten, überfüllt gewesen zu sein, weil die Studenten offenbar einen dramatischen Verlauf erwartet hatten. Aber er hielt eine kleine maßvolle Ansprache und verwies am Schluß die Zuhörer auf eine Stelle im Jesus Sirach 20, 5—7, auf den er sich auch sonst gern bezog: „Ein weiser Mann schweiget, weil er sich nicht verantworten darf, ein weiser Mann schweiget auch und erwartet die Zeit." Damit ging er sofort auf den neuen Stoff, den Codex juris des römischen Rechts über. Die Ansprache ist in den vier, fast gleichlautenden Kollegheften erhalten. Es sind die einzigen, die wir bisher von THOMASIUS kennen. Über den fraglichen Wert solcher Nachschriften und die Meinung von THOMASIUS darüber, davon unten IV.

Philosophische Vorlesungen waren ihm verboten und er mußte sich fügen. Er tat es auch; aber Enthaltsamkeit in theologischen und philosophischen Fragen übte er trotzdem nicht völlig. Es handelte sich nun nur darum, wieweit er innerhalb juristischer Vorlesungen, insbesondere im Kirchenrecht, Kirchengeschichte, Kanonischen Recht (seit 1710) empfindliche Stellen vermeiden konnte, das „rühr mich nicht an",[10] die „controversen", wie er 1693 schon einmal sagte, und weil er später, im „Alter", nicht mehr „so grosse Hertzhafftigkeit" habe, sich Aufregungen nicht mehr gewachsen fühlte.[11] Selbst am Ausgang seines Lebens hat er sich noch einmal mit dem Decorum befaßt. Für das Wintersemester 1726 zeigte er eine Vorlesung an, die im Codex Lectionum mit „Doctrina decori" bezeichnet wurde.[12] Vielleicht steht damit ein fünftes Kollegheft 1726 (Halle) in Beziehung, das auf eine „Klugheitslehre"-Vorlesung hinweist.

Schwierigkeiten gab es weiter, nicht mit der wissenschaftlichen Zeitschrift, den Observationes, obwohl er darin auf Schul- und theologische/geschichtliche Fragen gründlich eingeht, wohl aber wegen verschiedener Dissertationen über Hexerei und Ähnliches, besonders auch zum Beispiel wegen der Dissertation „De Concubinatu/Kebsehe" 1713.[13] An sie schlossen sich nicht nur viele Streit- und Beschwerdeschriften der theologischen Fakultät Halle und der katholischen Reichsstände an, sondern sie trug ihm auch eine Klage des Reichsfiscals vor dem Reichshofrat in Wien, d. h. vor dem obersten kaiserlichen Gericht, ein, weil er den katholischen Klerus beschimpft habe. In der Sache selbst sagte er ganz eindeutig § 1, daß er die Kebsehe weder verteidigen noch ihre Verbote anfechten, sondern ihre geschichtliche Entwicklung als einer Ehe minderen Rechts in der Bibel und anderen Büchern zeigen wolle, und daß er sie jener ursprünglichen Zeit und dieser Gebundenheit entsprechend bewerte. Nach dem Naturrecht sei sie erlaubt, ebenso jure gentium — dem Recht vieler Völker. Sie sei nicht verdammenswert, der Ursprung der Mißachtung und damit der Verbote läge im kanonischen Recht, in seinem Grundsatz von der Sakramentsnatur der Ehe, die ja von den Protestanten nicht anerkannt wird. Vom sittlich-religiösen Standpunkt her nahm er die Kebsehe nicht in Schutz; die rechtspolitische Frage für ihn war nur, ob sie zwischen unverheirateten Personen zu dulden, vielleicht wieder einzuführen sei. Durch die Vorladung des kurfürstlichen Geheimen Rats und halleschen Professors nach Wien hatte dieser Streit einen politischen Einschlag bekommen. THOMASIUS folgte ihr nicht. Wieweit hier etwa ein königliches Einverständnis vorlag, ist unklar. Die Sache wurde auf diplomatischem Wege beigelegt. Er bestritt 1714 in einer „Deduction" dem Reichshofrat das Recht, „Räthe, Diener und andere Unterthanen" der Reichsstände unmittelbar vorzuladen; das hieß, die Gerichtshoheit über diese Untertanen stünde den Landesherren und nicht dem Kaiser zu. THOMASIUS hatte damit eine reichsstaatsrechtliche Frage aufgeworfen, die an einer winzigen Stelle die immer umstrittenen, großen Machtverhältnisse im Reich, Inhalt und Ausbau des absoluten Fürstenstaates zeigt.

Mit geschichtlichen Fragen hat sich THOMASIUS viel befaßt. Immer wieder wies er die Studenten auf den Wert geschichtlicher Kenntnisse und Studien hin, Geschichte im weitesten Sinn gemeint, notwendig für das Studium wie für den späteren Beruf. Er betonte, daß Geschichte im allgemeinen wie bei der Erforschung einzelner Fragen richtig verstanden werden müsse. Sie sei nicht „Kriegesgeschichte", die zu „verkehrten Urtheilen von Gerechtigkeit, Bescheidenheit und Sanfftmuth" führe.[14] Tatsachen seien zu erforschen ohne praejudicia. Denn „Die Historie weiset denen Leuten den Ursprung der gemeinen Irrthümer ..." zu erkennen. Deshalb müsse man methodische Quellenforschung treiben und sich über Ursachen, vernünftige Zusammenhänge und Wirkungen eine eigene, von Autoritäten unbelastete Meinung bilden. Nicht die Tradition als Autorität ist anzuerkennen, sondern man muß zu den reinen Rechtsquellen zurückkehren. Nur dann können Fehler, die in der Praxis, dem Rechtsleben fortwirken, gebessert und für die Zukunft vermieden werden.[15] Im übrigen ist nur der dazu befähigt einzugreifen, der in allen diesen geschichtlichen Fragen gründlich Bescheid weiß; dazu gehört die Staatsgeschichte im großen wie im einzelnen kleinen, so wie die rechtlichen Erscheinungen des täglichen Lebens. Eine besondere Streitfrage der Staatslehre behandelte er in seiner ersten wissenschaftlichen Schrift „Dissertatio de duplici majestatis subjecto", 1672, als Magister philosophiae und Praeses. THOMASIUS hat Vorlesungen über Deutsches Staatsrecht gehalten und sich auch sonst dazu geäußert; alles ist von der zeitgenössischen Theorie dem Vertragscharakter, der Staatsentstehung naturrechtlicher Prägung getragen.[16]

Von seinem allgemeinen geschichtlichen Standpunkt aus ist auch das zu verstehen, was man, knapp ausgedrückt, THOMASIUS' Kampf gegen das römische und kanonische Recht nennt. Es ist ein Kampf gewesen, gegründet auf methodische Quellenforschung. Von einer grundsätzlichen Ablehnung, einem wahllosen Beiseiteschieben fremden Rechts, wie mitunter in der modernen Literatur gesagt wurde, ist bei THOMASIUS keine Rede. Ganz abgesehen davon, daß er Recht nicht „beiseite" schieben konnte, liegt das alles keineswegs so einfach. Der ganze rätselhafte Vorgang, die Auseinandersetzung zwischen fremden und heimischen Rechten, die sogenannte Rezeption ist außerordentlich verwickelt und in vieler Hinsicht noch nicht völlig zu überschauen. Es ist ein höchst merkwürdiger, zeitlich langgestreckter geistiger Vorgang, in dem Kulturelemente, die das Volk nicht selbst geschaffen hatte, zur Entwicklung unseres heutigen Rechts mit beigetragen haben. Sie ergaben nun mit einer „einheitlich und wissenschaftlich begründeten Rechtsordnung in den Normen und Institutionen römischer, germanischer und kanonischer Herkunft eine nicht mehr auflösbare geschlossene Doktrin."[17] Es handelte sich dabei um Vorgänge, die nicht nur die Kulturerscheinung „Recht" betrafen, sondern ebenso auch in anderen Ländern zu beobachten sind.

Zur Zeit von THOMASIUS stand man den Wirkungen noch näher und man mußte sich mit der praktischen Frage, insbesondere nach der Geltung fremden Rechts in den heimischen Gerichten, befassen. THOMASIUS äußerte sich oft dazu, denn er hatte ja die zukünftigen Juristen für alles, was sie an Rechtszuständen und Rechtsentwicklung erwartete, vorzubereiten, damit sie daran sinnvoll mitgestalten lernten. Er war in der Generation nach CONRING der erste, der in solchem Zusammenhang auf den Wert der Geschichte besonders für deutsches Staatsrecht, Rechtsgeschichte und Privatrecht hinwies. HERMANN CONRING[18] hatte in dem berühmt gewordenen Buch De origine juris Germanici 1643 den Verlauf der Rezeption zutreffend gewertet. Von da an war auch theoretisch der Weg zu den heimischen Quellen gewissermaßen wieder frei gelegt. Bis dahin war zum Nachteil deutschen Rechts angenommen worden, daß eine Rezeption „in complexu" stattgefunden habe, das heißt, daß das römische Recht, weiterentwickelt in Italien, durch einen kaiserlichen Gesetzgebungsakt als allgemein verpflichtend eingeführt worden sei. CONRING wies nach, daß diese Auffassung falsch sei; eine „Fabel", wie THOMASIUS sagte. Damit wurde die ideelle Grundlage als eines übergeordneten kaiserlichen Rechts zerstört und die deutschen Rechtssätze als ursprüngliche Quellen, selbständig aus älterer Autorität verpflichtend, angesehen. Schuld an diesen Vorgängen hatten die Juristen. Es war deshalb ihre Sache und Pflicht, sich der Neuordnung anzunehmen. Das deutsche Rechtsgut war nicht untergegangen — der Schwabenspiegel nur „unter die Banck gesteckt", der Sachsenspiegel, wie andere, hatten sich dagegen länger gehalten. Deutsche Stadt- und Landrechte lebten in vielfältiger Prägung weiter und wurden in den Gerichten angewandt, wenn man sich auch mit dem überlagerten fremden Rechtsstoff auseinandersetzen mußte. Der Vorrang des heimischen Rechts war nicht umstritten. Das fremde, besonders das römische Recht, hatte danach in den deutschen Gerichten nur hilfsweise Geltung, denn im deutschen Recht boten sich in jedem Fall eigene Lösungen an. So war die sich durchsetzende Überzeugung, und THOMASIUS teilte die „Methode" mit, wie daraufhin die heutige Rechtswissenschaft „zu lehren", wie die Praxis in den deutschen Gerichten sei, ob von Nutzen und wie es mit den Landesrechten allgemein und einzelnen zivilen Rechten stehe.[19] Diese Auffassung fand ihren Ausdruck im „Usus modernus Pandectarum" — Zeitgemäße Praxis des römischen Rechts (= Wieacker), wie der Titel eines großen Lehrbuches von SAMUEL STRYK heißt. Er war in Frankfurt/O. Lehrer von THOMASIUS gewesen, später in Halle sein Kollege. Es enthält nach der römisch-rechtlichen Ordnung den gesamten Rechtsstoff mit der jeweiligen Frage nach der Geltung deutschen wie römischen Rechts in den deutschen Gerichten, und wie es sich auf der Grundlage des gesamten „wirtschaftlichen, sozialen und politischen Lebens“ entfaltet hatte.[20] THOMASIUS fand außerdem noch eine besondere Stütze für das als ursprünglich und deshalb immer zunächst anzuwendende deutsche Recht in dessen Verhältnis zum Naturrecht. Wo er eine sachliche Übereinstimmung zwischen deutschen Rechtssätzen und Grundsätzen des Naturrechts festzustellen glaubte, sah er deutsches Recht als schon vor der Rezeption, eben als Naturrecht vorhanden an und damit als unabhängig vom fremden Recht. Nach seiner Meinung blieben deshalb nur wenig römisch-rechtliche Sätze übrig, und die galten nur hilfsweise, wenn gar kein deutschrechtlicher Satz vorhanden war. Im übrigen fand er: „Es sind viel herrliche Dinge in beyden Rechten (römischen und kanonischen) von denen zu wünschen, daß sie bey uns auch in Gebrauch seyn möchten, es ist aber auch viel gottloses und thörichtes Zeug mit darunter, zu deren Absondirung aber von denen ersteren ein unpartheyischer Mann erfodert wird.“ Damit meinte er sich selbst und zeigte in Vorlesungen, Lehrbüchern und Handbüchern, z. B. der Delineatio historiae civilis[21], in Dissertationen und anderen, was zu tun sei. Für die Studenten bestand die Schwierigkeit darin, daß ihnen auf den Universitäten in öffentlichen Vorlesungen auch deutsches Recht nach der römisch-rechtlichen Legalordnung, oft noch durch Exegese, angeboten, davon aber deutsche Landes- und Stadtrechte nicht abgetrennt, sondern nur beiläufig mit behandelt wurden. Dabei bestand die Gefahr, daß gerade diese heimischen Rechte nicht ihrem Wesen entsprechend und brauchbar für die Praxis wissenschaftlich weitergebildet werden konnten. Auch THOMASIUS las noch nach dieser römisch-rechtlichen Ordnung, also mehr in einer gemischten Darstellungsweise, noch nicht nach einem eigenen System. Als besonderes Beispiel sei auf die Notae ad singulos Institutionum et Pandectarum . . . hingewiesen. Die Versuche, solche Trennungen zu vollziehen, sind deutlich zu erkennen, „die Bahnen waren gebrochen“, sagte THOMASIUS und wies auf CONRINGS Dissertatio de judiciis reipublicae Germanicae hin 1647. Aber die Juristen hätten sich seitdem „in 70. Jahren den Schlaff noch nicht aus den Augen gewischet . . .“[22] Hier, wie in einigen Dissertationen zum gleichen Thema, zeigte er den Weg, die Quellengebiete beider Rechte zu trennen. Das geschah, indem er mit genauer geschichtlicher Untersuchungsmethode von der Vorstellung ausging, daß jedes dieser Rechte auf einer anderen Grundlage gewachsen sei und damit für deutsche Rechte ein breiterer Geltungsbereich nachgewiesen werden könne. In jedem Fall müsse auf die Grundgedanken der heimischen Rechte zurückgegangen werden, auf ihre ratio legis. Denn allein die Kenntnis der Rechtsvergangenheit lasse die Rechtsgegenwart erst richtig erkennen und berechtige, sie für die Zukunft mit zu gestalten. Die deutsche Rechtsvergangenheit ist von der römischen im Ursprung verschieden, diese ist nur lückenhaft überliefert, mit weiterer eigener Entwicklung, dazu überdeckt durch die Arbeit der Glossatoren.[23] Die alten deutschen Rechte und Rechtsbücher kannte er gut. Immer zog er den geliebten Sachsenspiegel mit heran, wies auf den Schwabenspiegel hin, auf deutsche Stadtrechte und Provinzialrechte und ließ sie auch in Dissertationen bearbeiten. Dies alles geschah mit dem Ziel, für die Praxis Fragen des heimischen Rechts im Verhältnis zum fremden Recht besser lösen zu können; denn für die dorthin heimkehrenden Doctores juris war das entscheidend wichtig.[24] THOMASIUS stand zu diesen Rechten, Rechtsbüchern nicht wie ein Antiquitäten sammelnder gelehrter Liebhaber, sondern als Forscher, der das noch lebende und angewandte heimische Recht zurück verfolgt, um es aus dieser Kenntnis heraus für das gegenwärtige und zukünftige Rechtsleben nutzen zu können. Er glaubte, daß in kaum 20 Jahren Sachsen- und Schwabenspiegel in eigenen Vorlesungen auf deutschen Universitäten „cum applausu werde dociret werden".[25] Längere Zeit hindurch hatte er versucht, in Vorlesungen und Schriften den römischen und deutschen Quellenbereich aus den bisherigen Bindungen zu lösen, damit die Grundlage für eine deutsche Privatrechtswissenschaft und Privatrechtsgeschichte zu schaffen und sie gesondert zu behandeln. 1699ff. kündigte er darüber eine Privatvorlesung an; zum ersten Mal im Summarischen Entwurf der Grundlehren eine römische und deutsche Rechtsgeschichte. Sie sind später als „Delineatio historiae iuris civilis" 1703 von einem seiner Schüler, GEORG BEYER, und weiter noch von anderen herausgegeben worden.[26] Auch in Dissertationen ließ er deutsch-rechtliche Themen behandeln und damit die Grundlage für eine deutsche Privatrechtsgeschichte erweitern. Zur vollen Ausbildung eines wissenschaftlichen Systems vom deutschen Privatrecht kam es noch nicht. Aber er war sich bewußt, auf dem richtigen Weg zu sein, am Anfang dieser Zeit zu stehen, wie er einmal zukunftsicher und fast poetisch, eine Dissertation abschließend, sagt. Es handelt sich um eine rechtsgeschichtliche Untersuchung „De hominibus propriis et liberis Germanorum" 1701, um die Frage der Sklaverei in Deutschland, die es trotz anderer Meinungen gegeben habe. „Sed adhuc diliculum est ... Jetzt ist noch Zwielicht. Wenn wir aber den Beispielen anderer hochberühmter Männer folgen, dann wird es bald Tag sein. Dann werden wir, die wir bisher Doktoren des römischen und kanonischen Rechts erschaffen haben, Doktoren des deutschen Rechts erschaffen. Noch können wir sie nicht erschaffen, weil wir darin ganz unwissend sind, oder mindestens Rekruten. Jetzt schreiben wir nur Entwürfe, irgendwann werden wir ein System schreiben". Von seinen Schülern G. BEYER, J. G. HEINECCIUS sind diese Gedanken weitergeführt worden. Die „vielleicht" (WIEACKER) erste

Gesamtdarstellung des deutschen Privatrechts, wenn auch noch mehr in der alten Form aufgebaut, erschien kurz nach seinem Tod 1730: Elementa juris . . . von J. G. HEINECCIUS. Am Ende des Jahrhunderts zeigte sich die völlig neue Systematik in den „Grundsätzen des gemeinen deutschen Privatrechts" von J. FR. RUNDE, 1791. Sie alle gehen im wesentlichen letzten Endes auf THOMASIUS zurück, so daß man ihn mit Recht den Begründer des deutschen Privatrechts genannt hat.[27]

IV

Hochschullehrer und Studenten

Die Grundlagen für das gesamte Studium waren durch landesherrliche Statuten geregelt. Die Ausgestaltung aber im einzelnen, mitunter recht weitgehend, blieb den Professoren überlassen. Es gibt viel darüber zu klagen, und es wurde geklagt, ebenso immer wieder versucht, dem abzuhelfen. Besonders THOMASIUS mühte sich darum, denn für alles, was die Arbeit der Universität betraf, was ihn in seiner Stellung als Lehrer und Erzieher anging, fühlte er sich in hohem Maße verantwortlich; fast kann man sagen, daß er sich als das Gewissen der Universität fühlte. Das sieht man deutlich an der Art, wie er das gemeinschaftliche Verhältnis zwischen sich und den Studenten auffaßte; wie er sie in dieser gegenseitigen Bindung führte. Es waren Reformversuche, die des Vertrauens von beiden Seiten bedurften. Er wollte sie „als gute Freunde und Brüder tractiren", nicht als „Gäste", die man einlädt und nach deren „Geschmack" man sich richten müsse; sondern als „Lernende" werden sie ihm „alle lieb und angenehm seyn", gleichgültig, ob viele oder nur wenige kommen, ob „vornehm" oder „gering", vermögend oder ohne Vermögen. Solange er die Vorlesung hält, sind sie Studenten, „die ihr alle gute Vermahnung und Lehre vonnöthen habet". Sowie er aber „vom Catheder" herabgestiegen ist, „gehet . . . der Unterscheid, den man propter decorum unter euch machen muß, wieder an".[1] Das hieß, ihr Stand in der menschlich-staatlichen Gesellschaft zog dann wieder seine Schranken. Das war selbstverständlich. Immerhin ist es beachtlich, wie vorurteilsfrei, aber auch selbstbewußt, THOMASIUS die Lage beurteilte. Entscheidend war für ihn ihr Verhalten, nämlich ob sie fleißig und anständig mitarbeiteten; er wurde nicht müde, das zu betonen. Geschah das nicht, konnte er auch in scharfen Worten ihnen zu verstehen geben, daß er sie dann nicht mehr ohne weitere Prüfung „pro hospite" oder mit Erlaß des Honorars aufnehmen werde. Damit hatte er schlechte Erfahrungen gemacht.[2]

Klagen über Studenten sind allgemein und immer wieder erhoben worden, auch von THOMASIUS. Er ärgerte sich über ihre schlechte Aufführung, denn das habe nichts mit der akademischen Freiheit zu tun. Er legte großen Wert auf ihre allseitige Bildung über das Fachwissen hinaus, auf Weltläufigkeit und gab selbst durch gepflegte Geselligkeit ihnen ein Beispiel. Darüber berichtet sehr anschaulich der junge v. RAUMER.[3] — „Sie können nichts", stellte er fest, „jedoch wollen sie sich nicht helfen lassen!" Aber er half eben doch und versuchte es immer wieder; vor allem vom Grunde her, von der geforderten sittlichen Haltung, wie er in anleitenden Büchern zeigt, wie er in Vorlesungen zeigen will, „dem, der auf den Weg der Tugend sich gewendet und ein Mensch zu werden verlanget."[4] Eine besondere Rolle spielte dabei der stufenweise Weg, der einzuschlagen war: von der Selbsterkenntnis zur Menschenkenntnis zu gelangen, weil erst sie den Juristen befähigt, in der großen Gemeinschaft zu wirken.

Alles was das Studium anlangte, was die Studenten dabei zu erwarten hatten und, oft betont, umgekehrt auch THOMASIUS von ihnen erwartete, geht aus den Vorlesungsprogrammen, Erinnerungen und ähnlichen Ankündigungsschriften hervor. Ergänzend kann man den Codex Lectionum, Halle 1694ff. hinzuziehen. Er gibt aber insofern nicht den vollen Aufschluß, weil er überwiegend die öffentlichen, die Pflichtvorlesungen enthält, weniger die privaten Vorlesungen, die oft ein Spezialthema behandelten. Für sie ist man auf andere Äußerungen angewiesen, zum Beispiel in den Programmen. Diese Programme und andere Schriften vermitteln auch heute noch auf sehr eindringliche Weise, was an Lehrstoff und wie er angeboten werden würde, was einzeln und im Grundsätzlichen dazu zu sagen wäre; ebenso was über den Zeitablauf eines Kursus, den Themenkreis zu beachten wäre. Wie das dann ausgeführt wurde, ob die Vorlesung so, ob überhaupt gehalten wurde, wissen wir nicht. Höchstens aus beiläufigen Bemerkungen innerhalb eigener Schriften, vielleicht aus Briefen oder Äußerungen anderer läßt sich etwas schließen. Daß THOMASIUS in den letzten Jahren seines Lebens angekündigte Vorlesungen nicht mehr gehalten habe, sagt einmal ein jüngerer Kollege von ihm, v. LUDEWIG, in einem Universitätsgutachten 1730. Ob das völlig zutrifft, weiß man nicht; die beiden Herren standen wohl nicht besonders freundlich miteinander. Im übrigen hatten die Professoren ein beträchtliches Maß an Arbeit über die Universität hinaus zu leisten: vom Spruchkollegium abgesehen, hatten sie dem Landesherrn Rat in einzelnen Fragen zu erteilen bis zu eingehenden Vorschlägen für die Gesetzesreform, so daß mitunter wegen Überhäufung geklagt und sonstige Versäumnisse damit entschuldigt wurden.[5]

Die Programme und andere Schriften sind über diese Vorschau hinaus oft durch ganz persönliche Äußerungen von THOMASIUS belebt. Er wollte sich damit den Studenten näher bekannt machen. „Marktschreierische" Werbungsversuche, die wohl öfter darein verbunden waren, lehnte er aber nachdrücklich ab.[6]

Zunächst war, rein äußerlich gesehen, für die Studenten am wesentlichsten zu erfahren, wieviel Zeit sie für das Studium aufwenden mußten. Im allgemeinen hatte sich eine dreijährige Studiendauer, ohne die Vorstufe in der philosophischen Fakultät mit zu berechnen, als zweckmäßig und möglich erwiesen. Das war vor allem im Hinblick auf die spätere Praxis gesehen. Freilich, daß dies nicht immer durchgeführt wurde, die Zeit nicht eingehalten wurde, zum ausbildungsgemäßen und wirtschaftlichen Nachteil der Studenten, das ist eine öfter zu hörende Klage. THOMASIUS suchte eine genauere Ordnung in seinen Kursen bis zum Abschluß durchzuführen, den Lehrstoff über diese Zeit, über Jahre und Monate, ja auch für Tage zu verteilen; ob mit Blockstunden, Frühestunden und anderen gearbeitet werden sollte? Er änderte, wenn er das für sinnvoll hielt oder wenn Studenten vernünftig begründete Wünsche dafür vorbrachten.[7] Eine der größten Schwierigkeiten lag freilich darin, wie man lehrend und lernend in der festgelegten Zeit mit der immer weiter anschwellenden Stoffmenge fertig werden, wie diese Fülle immer auf dem jüngsten Stand der Wissenschaft gehalten werden sollte. Neue wirtschaftliche Bedürfnisse, mit ihnen neue rechtliche Gebilde entstanden und es mußten dafür Vorlesungen gehalten, schließlich Lehrstühle geschaffen werden. THOMASIUS forderte das zum Beispiel schon 1690 in dem ersten halleschen Programm und später in seinen Cautelen der Rechtsgelehrtheit.[8] „Es sollte von rechtswegen auch die Oeconomie auf Universitäten gelehret, und ein eigener Professor dazu bestellet werden, allein man hat dieses nicht allein vormals unterlassen, sondern es findet sich dieser Mangel auch noch heute zu Tage". Die Ursachen sind nach ihm verschiedener Art, teils theoretisch, weil „Aristoteles keine Oeconomischen Bücher hinterlassen" hat, aber auch in der geringen Einschätzung seitens der Gelehrten selbst. Erst 1727 wurden in Halle und Frankfurt/O. Lehrstühle eingerichtet.[9] Freilich wurde damit genau gesehen die zu bewältigende Stoffmenge nur etwas anders verteilt, wenige Vorlesungen davon entlastet, im ganzen nichts gemindert. Wie im einzelnen eingeschränkt wurde, um das zumutbare Maß einzuhalten, läßt sich heute nicht mehr feststellen.

Entscheidend war, wie innerhalb dieses Rahmens die mitmenschlichen Beziehungen gestaltet werden konnten. Das lag besonders THOMASIUS am Herzen. Er hielt einführende Vorlesungen, schrieb vorbereitende Bücher, damit die Studenten besser mitarbeiten konnten und zeitraubende Umwege vermieden.[10] Wie er im einzelnen die Vorlesungen gestalten wolle, sagte er in den Programmen und ähnlichen Schriften. Danach lockerte er mit „angenehmen und nützlichen" Dingen die Vorlesungen auf und hatte es gern, wenn sie freudig dabei sind und auch lachen. Aber er mochte es gar nicht, wenn sie „kälbern" oder plaudern, also nicht das rechte Maß einhielten. Denn die Achtung, die er ihnen gegenüber bewahrte, verlangte er auch umgekehrt. Nebenbei möchte ich darauf hinweisen, daß er gern einmal Worte aus der

Umgangssprache einflicht, besondere Redewendungen und Sprichwörter, so daß von der sprachlich-kulturellen Seite her sicher noch manches zu gewinnen ist.[11] Er sprach lebhaft, schnell, „natürlich“, ohne Pathos und dem Gehalt nach möglichst abwechslungsreich. Um die Aufmerksamkeit wach zu halten, brachte er viele Beispiele aus dem Leben, wie man sieht, besonders aus dem Rechtsleben. Gutachten aus der Fakultätspraxis zog er ebenfalls mit heran, nicht nur für Vorlesungen, sondern auch für Dissertationen und andere Arbeiten. Mit gerichtlichen Akten hielt er „Exercitien“, und innerhalb philosophischer Vorlesungen führte er „Experimente“ durch, zum Beispiel um CARTESIUS zu widerlegen und sich selbst dann zu berichtigen.[12] Er brachte auch ganz persönliche Beispiele von seiner Arbeits- und Lebenshaltung; von seinem „sanguinisch-cholerischen Temperament“, der Beobachtung und Einsicht in die eigenen Irrtümer. Ja, er brachte sogar Beispiele aus den gewöhnlichen Daseinsbereichen, vom Wein- und Teetrinken, von der Gesundheit und ihrer Diät und ähnliches mehr. Alle solche Beispiele eigener Erfahrung setzte THOMASIUS für die Bildungsarbeit an sich und anderen ein. Denn Selbstbeobachtung und Einsicht bewahren vor Irrtümern und sollen dazu führen, das rechte Maß zu halten. Daß solche Äußerungen nicht peinlich wirken, liegt an der sicheren und fast heiteren Offenheit, womit sie vorgetragen werden.

Was die Wissensvermittlung in den Vorlesungen anlangte, versuchte THOMASIUS die überkommene scholastische Methode zu überwinden. Da war zunächst einiges mehr Äußerliches zu beachten. Eines betraf die immer behandelte Frage, in allen Reformschriften überhaupt, ob der Stoff durch Diktat — gleichgültig aus welcher Autorität — vermittelt werden solle oder durch freie Nachschrift, wobei es den Studenten überlassen blieb, selbständig zu entscheiden, was sie als wichtig für sich aufschreiben wollten. THOMASIUS hielt wenig vom Diktat und gebrauchte mehr eine gemischte Form: nur Namen oder sonst Wesentliches diktiere er, sonst spräche er „frei“. Er warnte aber davor, stumpfsinnig nachzuschreiben und verlangte, daß sie selbständig mitdenkend folgten. Wie gerade dies schwierig und der Erfolg fragwürdig war, wußte er aus Erfahrung und prüfte deshalb mitunter Kollegheft nach. Wobei er dann wiederholt feststellen mußte, „daß ich in dieser ihrer Nachschrift Dinge gefunden, die mir die Zeit meines Lebens nicht in Sinn gekommen zu lehren“. Schlimmer war es freilich, wenn derartige „Dinge“ als seine Lehre weiter getragen, ja sogar verkauft wurden, und er damit in Verdacht geriet, „als ob er so Thöricht Zeug, als dieser nachgeschrieben, dociret habe.“[13]

Etwas weiteres im Bezug auf die Wissensvermittlung war die Sprache. Der „Kampf“ von THOMASIUS um ihre Einführung im Hochschulunterricht wurde schon erwähnt. Er begann mit der Ankündigung über die Vorlesung „Nachahmung der Franzosen“, die er als Vorbild für den Gebrauch der Muttersprache in allen Gebieten des geistigen Lebens empfahl. Durch Übersetzung antiker Literatur, durch wissenschaftliche Werke in der von allen gesprochenen Sprache werde nicht nur Gelehrsamkeit, sondern eine bessere Allgemeinbildung verbreitet. Man solle nichts „nachäffen", aber den besonderen Wert der Muttersprache einsehen. In Frankreich wurden übrigens um die gleiche Zeit wie auch in anderen Ländern Vorlesungen in der Muttersprache gehalten; ob THOMASIUS bekannt, konnte ich bisher nicht feststellen. Er war nicht der erste mit seinen Forderungen und die deutschen Sprachgesellschaften hatten vorgearbeitet.[14] Zunächst wurde die deutsche Sprache in Leipzig und Halle aufgenommen, auch A. H. FRANCKE gebrauchte sie. Es war von THOMASIUS kein Kampf gegen das Latein als überkommene, internationale Gelehrtensprache. Dessen allgemeinbildenden Wert schätzte er wie andere Hochschullehrer sehr hoch ein, wie er überhaupt Sprachkenntnisse als wesentliche Grundlage des Studiums ansah, denn „die Sprachen sind allgemeine Instrumente anderer gute Gedancken zu lesen und zu verstehen ..."[15] Er selbst sprach und schrieb weiterhin lateinisch wie deutsch; seinen Namen schrieb er zuweilen auf deutschprachigen Arbeiten THOMAS. Sonst mußten ganz allgemein wie bisher die Dissertationen lateinisch verfaßt und die Disputationen darüber lateinisch abgehalten werden. Aber die grundsätzlich übergeordnete Bedeutung der Muttersprache ist doch von THOMASIUS im gelehrten Bereich erkämpft worden. Er sah es auch besonders für Juristen als nötig an, die „so wohl alte als die heutige teutsche Sprache (genau zu kennen), denn ohne die erste können die Antiquitaeten des teutschen Rechtes nicht verstanden werden ... (das Recht der Vorfahren) und ohne die letztere (ist) ein Jurist zu allen Geschäften im bürgerlichen Leben ungeschickt".[16] Um die Studenten in der Muttersprache zu üben, führte er Collegia Styli und eine Literaturvorlesung ein. Mit größter Anerkennung spricht GOTTSCHED einmal später, nach THOMASIUS' Tod von seinem „Verdienst" um die deutsche Sprache und von seiner anzupreisenden „Schreibart".[17]

Das gesamte Lehrer-Schüler-Verhältnis war auf Gemeinsamkeit und gegenseitige Achtung gerichtet. THOMASIUS ging grundsätzlich davon aus, daß sich der Lehrer wie ein Vater und nicht wie ein Regent verhalten dürfe. Wenn er auch mitunter scharfe Worte für sie fand, so ist er doch deutlich erkennbar von dem Wert der Studenten als selbständigen Persönlichkeiten ausgegangen, denen man mit Geduld und ohne Zwang begegnen müsse.[18] Immer wieder forderte er sie auf, sich ein eigenes Urteil über Menschen und Dinge, vor allem auf das Studium bezogen, zu bilden. Nur keinen Autoritätsglauben! Auch nicht ihm gegenüber! Sie sollen auch bei anderen hören, denn „die Weisheit ist nicht an mich gebunden", mahnt er wiederholt. Wenn Eltern ihnen verböten seine Vorlesungen zu hören, also gewissermaßen Autorität gegen Autorität steht, „unter dem Vorwand, ich hätte gefährliche principia, und wäre nicht richtig, oder lehre Dinge die man inpraxi nicht nützen könte", der „gehorche" nur ihnen; trotzdem stehe er für sonstige Fragen zur Verfügung.[19] Ferner, wie sie nicht von Autoritäten, insbesondere Hochschullehrern abhängen sollen, so sollen sie auch nicht von einem auswendig gelernten Stoff abhängen; er ist ebenfalls als Autorität anzusehen. Tätige, fast schöpferische Mitarbeit forderte er kraft ihrer eigenen Einsicht und Urteilsfähigkeit (judicium), nicht wie üblich träges Hinnehmen und die Überladung mit Gedächtniskram. Sein berühmtes Wort: „... dass ein Loth Judicium viel besser sei als ein Pfund Memorie" findet sich abgewandelt immer wieder.[20]

Über die Vorlesungen hinaus kümmerte sich Thomasius auch um den persönlich-wissenschaftlichen Austausch. Er hielt Sprechstunden ab, damit die Studenten ihre „dubia" vorbringen konnten. Ja, sie sollen zweifeln, „dissentiren", „opponiren", um alles besser verstehen zu lernen. Dazu gab er eine kleine „Erinnerung", um die Besprechung sachlich, knapp und ohne eine, offenbar öfter versuchte, Art Höflichkeits-Komödie ablaufen zu lassen.[21] Er richtete Konversationsstunden ein, damit sie untereinander Unklarheiten berichtigen und das Maß ihrer Kenntnisse einschätzen lernten. Er leitete sie zum Selbststudium an, auch in Nachhilfestunden und stellte seine große Bibliothek zur Verfügung. Gerade dies war für die Studenten wichtig, weil es kaum öffentliche Bibliotheken gab, und diese dazu meistens wenig gut ausgestattet waren. Andere Professoren verhielten sich übrigens ebenso. Aus Auktionskatalogen und anderen Katalogen kann man ermessen, wie stattlich solche Bibliotheken gewesen sind. Die Bibliothek von Thomasius umfaßte noch 1739 knapp fünftausend Buchbinderbände.[22] Thomasius hatte selbst 1715 „Summarische Nachrichten" von ausgewählten Büchern seiner Bibliothek herausgegeben. Freilich, wie ein Student der Bücherfülle überhaupt Herr werden konnte, von der Mindestliteratur bis zum nicht unbedingt Notwendigen, aber Reizvolleren, das war immer die gleiche Frage. Thomasius zeigte auch hier den Weg: mit genauer Zeiteinteilung könne man sich eine Technik ausbilden, indem man gewissermaßen quer durch die Bücher hindurchläse und sich so das Wesentlichste daraus aneigne.

Ein besonders wichtiger Teil der Hochschularbeit lag in den Dissertationen. Sie verbanden auf bemerkenswerte Weise erzieherische mit rechtswissenschaftlichen und rechtspolitischen Aufgaben eines Professors. Von Thomasius sind 150 überliefert. Sie zeigen noch die verschiedenen Formen nebeneinander: die ältere, aus kürzeren Streitsätzen bestehend — wie wir sie später noch bei Goethe sehen — und die neuere sich mehr und mehr durchsetzende Form in einer zusammenhängenden Untersuchung. Das Ziel der Dissertationen war verschieden. Schon im Laufe des Studiums sollten von den Studenten Streitgespräche über enger umgrenzte Themen veranstaltet werden, um „Geist und Zunge zu üben", wie es mitunter heißt. Es scheint, daß einzelne Studenten/

Kandidaten an solchen Übungen mehrmals teilgenommen haben, um für Stipendien oder ähnliche Unterstützungen mit solcher Art von Fleißzeugnissen eine breitere Grundlage vorweisen zu können. Vermutlich handelte es sich dabei um nicht sehr umfangreiche Arbeiten, auch wohl um solche, die nicht immer veröffentlicht wurden. Das läßt sich heute nicht mehr feststellen. Anders lag es bei den Dissertationen, die vorgelegt wurden, um akademische Grade zu erlangen. Grundsätzlich war es Aufgabe des Professors/Praeses, die Dissertation zu verfassen und dann die Verteidigung durch den Kandidaten zu leiten. Das galt für alle Dissertationen. Es lag für den Professor darin eine beträchtliche Arbeit, auch wenn die Dissertation von dem Kandidaten verteidigt wurde. Denn das war dessen Aufgabe. Er mußte allen Einwürfen gegenüber bestehen und zeigen, daß er völlig mit dem Stoff vertraut sei. Besonders selbständige Kandidaten durften „sine praeside" verteidigen. Bei solchen Streitgesprächen scheint es mitunter recht unsachlich zugegangen zu sein. Das wurde von vielen Seiten oft genug, meist erfolglos, gerügt. Deshalb beschloß einmal die Universität Halle, die sogenannte akademische „Öffentlichkeit" auf sachkundige Personen zu beschränken. Das aber gefiel THOMASIUS durchaus nicht, und er bemerkte gereizt, daß er sich keineswegs der öffentlichen Prüfung seiner Thesen entziehen wolle.[23] Er sprach hier von „seinen" Thesen und rührte damit an die schwierige Frage der Autorschaft von Dissertationen. Denn nicht nur, daß die Dissertation in der Regel von ihm verfaßt worden war, grundsätzlich von ihm verfaßt sein mußte, wurde sie auch unter seinem Namen veröffentlicht; der Name des Kandidaten wurde zugefügt. In der wissenschaftlichen Welt wurde sie dem Professor zugerechnet, und er trug die volle Verantwortung gegenüber der Universität und der gesamten Öffentlichkeit. Das war wichtig, wenn Angriffe erfolgten, besonders auch solche außerhalb des eigenen Universitätsbereiches. Die Angriffe richteten sich gegen ihn; er hatte sich zu verantworten, tat es auch, selten einmal mit dem Kandidaten zusammen, wie viele Dissertationen zeigen, die zu umfassenden Streitgesprächen und Streitschriften geführt hatten. Zum Beispiel geschah das mit den Reformdissertationen „De concubinatu" 1713, bei kirchenrechtlichen Themen, zu Fragen über die Folter, Zauberei, Hexerei. Auch daraus sieht man, wie gegenwartsbezogen viele seiner Dissertationen waren, und daß sie das enthielten, was er, als Professor, nicht nur im bisherigen Bestand erhalten, sondern auch im Ziel und im Weg dazu verändert wissen wollte. Da die Dissertationen unmittelbar vor der Verteidigung veröffentlicht wurden, waren sie ein besonders geeignetes Mittel, den neuesten Stand der Wissenschaft, von dem Professor vertreten, schnell bekannt zu machen. Die Wirkung der Reformdissertationen, das heißt der Reiz, gleich darauf zu antworten, Schriften dazu herauszugeben, läßt sich deutlich erkennen. Im übrigen zeigen gerade diese Dissertationen in welchem Umfang die Kandidaten an den brennenden

Fragen ihrer Zeit teilnehmen konnten. Sie waren trotz der Autorität des Professors unmittelbar beteiligt. Wieweit sie sogar als Autor alles trugen, etwa die Dissertation selbst verfaßt hatten, ist eine andere Frage. Sie läßt sich niemals genau beantworten, es sei denn, der Professor bemerkte es in einem besonderen Schreiben, einem Brief zu der Dissertation, der mit ihr veröffentlicht wurde. Das ist hin und wieder vorgekommen, zum Beispiel bei der Dissertation über die Folter (1705).

Nur nebenbei möchte ich bemerken, daß die THOMASIanischen Dissertationen bisher weder vom Gehalt noch vom Aufbau her, geschweige in ihrer Beziehung zur zeitgenössischen Fachliteratur durchgearbeitet worden sind. Anfänge dazu sind vorhanden.[24] Erst dann wird sich vieles für ein „System" erschließen lassen. Die Linien dazu, ebenso die Methode sind zu erkennen.

Alle diese Fragen richteten sich nur auf die akademische Ausbildung der Männer. Von Frauen ist nicht die Rede. Aber schon in seinen frühen Schriften räumte THOMASIUS bei sich, gleiches von anderen verlangend, mit Vorurteilen gegen Frauen auf. Die Wahrheit kann von allen Menschen erkannt und folglich beigebracht werden, aber die Frauen hält das „gemeine Vorurtheil" wider alle Vernunft für unfähig dazu. Es wird „bey uns für ein Wunder geachtet, wenn eine Dame nur in einem einigen Stück von Gelehrsamkeit etwas besitzet", zum Beispiel Bücher beurteilen will. Sie ist auch fähig, die lateinische Sprache zu lernen, vielleicht sogar fähiger als ein junger Mann, weil sie nicht, wie er, von Jugend an damit belastet worden ist — man hat fast den Eindruck, daß THOMASIUS sagen möchte: nicht damit angeödet worden ist! Mag sie zunächst auch ein wenig „Vanität" haben, bei jungen Männern findet sich das Gleiche und bei beiden braucht es einige Zeit, die Vorurteile, von Autoritäten bezogen, „auszumisten" (Nachahmung). THOMASIUS gründete dies alles auf das Naturrecht, das er, wie bei anderen Fragen auch hier folgerichtig anwandte und mit einem unbedingten Gerechtigkeitsgefühl verband. Er stand mit solchen Auffassungen nicht allein, aber er vertrat sie wiederholt und mit großem Nachdruck. Von einer „Gleichberechtigung" zum Studium war noch keine Rede, nicht von einer „Frauenfrage" in Bezug auf gleiche Ausbildung. Aber im Grundsatz wurde von ihm die Voraussetzung dafür anerkannt. Eine weitergehende Forderung, dies in die Praxis umzusetzen, erschien 1707 in der halleschen wissenschaftlichen Zeitschrift, den Observationes: „Vorschlag einer Frauenakademie", die nur von Mädchen, also ohne gemeinschaftliche Erziehung, besucht und allein von Frauen bis hinauf zur Rektorin geleitet werden solle. Dieser Aufsatz ist, wie alle, anonym erschienen. Ob man ihn THOMASIUS zurechnen darf, bin ich nicht sicher, aber mit seiner Auffassung wird er im Grunde einverstanden gewesen sein.[25]

V

Schluß

THOMASIUS war in dieser Untersuchung Mittelpunkt, um ihn als besondere Persönlichkeit in der Universitätsgeschichte zu verdeutlichen. Es konnte freilich nur ein Versuch sein, aus der Fülle des überlieferten Stoffes einen Eindruck zu vermitteln. Ich möchte noch einmal betonen, daß THOMASIUS nicht der einzige war, den alle Fragen der Universität beschäftigten, und der Reformen, Änderungen wünschte und durchzuführen verstand. Er fühlte sich nicht nur von anderen mitgetragen, sondern allen den Kämpfenden vor und mit ihm verbunden, mochte er auch viele von ihnen überragen, ja, wohl die Einsamkeit im Kampf zu spüren bekommen haben. Das ist aus Äußerungen von ihm und von anderen über ihn selbst für uns heute noch zu erkennen.

Er war kein weltabgewandter Gelehrter, sondern dem Leben gegenüber aufgeschlossen und allen geistigen Fragen zugewandt. Dafür setzte er Wissenschaft und Lehre ein. Der Umfang seiner Interessen ist schon für das „Fach" Rechtswissenschaft beachtlich, betrifft aber darüber hinaus noch Literatur im engeren Sinn, wie Erziehungsfragen im weitesten Sinn, mit Theologie und Philosophie. Über seine persönliche Art zu wirken wissen wir wenig, allenfalls einiges über Vorlesungen und Bücher. Immerhin spricht er von sich selbst offen und viel, so daß man sich in Grenzen ein Bild von ihm machen kann. Äußerungen anderer sind nur wenig zu finden: er sei achtunggebietend, fleißig, hitzig, mäßig, einsichtig gewesen (DREYHAUPT), ein unvergeßlicher Professor (FRANCKE), „sehr gewandt und dabei angenehm im Umgange ..., miscendo semper utile dulci ..." (v. RAUMER). Man ist auf Zufallsfunde angewiesen, in Lebenserinnerungen, Reisebeschreibungen, Briefen. Aber daraus ist heute noch kaum etwas ans Licht gekommen. SCHRÖCKH hatte sich noch Ausgang des 18. Jahrhunderts bemüht, über seine Persönlichkeit unmittelbares und zuverlässiges festzustellen, hatte nach „ungedruckten Erzählungen" geforscht, aber nichts erfahren können, selbst nicht von Gelehrten des gleichen Faches über seine juristischen Werke. Einiges ergeben die Nachrufe, Laudationes, Lebensbeschreibungen und ähnliche Schriften, wovon es im 18. Jahrhundert noch viele gibt, wie die Bibliographie von R. LIEBERWIRTH zeigt. Sie müßten einmal daraufhin durchgearbeitet werden. Vielleicht würde sich daraus sachlich wie persönlich manches Aufschlußreiche ergeben. Das gilt auch von den Vorlesungen. Es scheint nicht über Langeweile geklagt worden zu sein, sondern im Gegenteil sind offenbar die Zuhörer immer zahlreich gewesen, wie er hin und wieder berichtet. Anerkennend — auch für sich — sagte er einmal, daß die Studenten in den ihnen „verhasst und (zum) eckel" gemachten Vorlesungen geblieben seien. Das betraf „die histor. Vorstellung des Kirchenstaates und über die Erklärung des Rechts und Lehrstandes".[1] Einen gewissen Einfluß, meinte er, übe wohl die bekannte Lehr- und Lernfreiheit der halleschen Universität aus. Das zöge junge Leute an, und sie floriere wegen des hier nützlichen und angenehmen Studiums. Auch er habe deshalb eigenen Nutzen aus den Vorlesungen. Daß sein angreifendes Wesen anfangs einmal die Hörer erschreckt hatte, sie davon liefen und ihn „mit dem Grotius allein" ließen, erzählt er selbst.[2]

Seine „satirische" Art, den „munteren Stil", in denen er auch Bücher schreibt, überhaupt seine Schärfe anderen gegenüber, nimmt er zuweilen zurück, denn alles hat „seine Zeit, Ziel, Maß und Gewicht". Er habe sich danach eingerichtet, sich bemüht und dabei „mehr applausum" gefunden.[3] Denn der Grundzug seines Wesens, bewußt gestaltet, von sich und anderen gefordert, ist „Toleranz" — das Schlagwort des Jahrhunderts — das auch bei ihm immer wieder vorkommt: Kein Zwang dem anderen gegenüber mit eigener Auffassung, christliche Duldung nicht im Sinne gleichgültigen Hinnehmens, sondern als Anerkennung des anderen, wie es später Goethe einmal in den Maximen und Reflexionen sagt. Es gelang freilich nicht immer, was man öfter sieht. Aber seine Erziehungsarbeit ruhte durchaus auf diesen Grundlagen, von denen aus er das Ziel der Universität als Pflanzgärten in sorgsamer Pflege und Führung gewährleistet sah.

Es war ein spannungsreiches Leben, das Thomasius geführt hat, und es ist wohl oft genug bis an die Grenze dessen gegangen, was er ertragen konnte. Eine gewisse äußerliche Behaglichkeit kann darüber nicht hinweg täuschen. Er befand sich dauernd im Angriff gegen Mängel des Universitätsbereiches im weitesten Sinn, so wie er sie sah, ja darüber hinausgreifend, wie es die Gegner sahen. Aufklärer und Kritiker zugleich, erschütterte er mit erstaunlichem Freimut die Autorität der Überlieferung in Rechts-, Glaubens- und Gewissensfragen und suchte insbesondere die Studenten zum freien Denken zu führen. Das innere Ziel blieb, von sich selbst gefordert, wie von anderen, besonders den Studenten: den Ausgleich zu suchen zwischen den eigenen Gemütskräften und dem entsprechenden Verhalten in der Gemeinschaft, eigene Irrtümer und Mängel zu überwinden auf Grund der geistigen Arbeit und Bildung. Er wollte damit einen Seelenzustand erlangen — Schiller deutet das an —, den er in einen biblischen Wahlspruch gefaßt hat: „In Stillesein und Hoffen würdet ihr stark sein" (Jesaias 30, 15). Er hat dies Wort gern in Stammbücher eingetragen, wie Johann Georg Francke in der Leichenpredigt sagte und es zugleich mit auf die letzte Lebenszeit bezog.

Das Werk von Thomasius hat heute noch Erkenntniswert für jene Zeit. Damit hat es aber auch Erkenntniswert für die Grundlagen des heutigen Rechts und der heutigen Kultur. Es ist viel darüber gearbeitet worden, besonders über sein Naturrecht, über Erziehungsfragen, auch manches über rechtliche Fragen, aber gerade darin bedarf es noch weiterer Arbeit, z. B. hinsichtlich der Dissertationen und ihrer Beziehung zur Wissenschaft der eigenen Zeit, das heißt zu Recht und Rechtsvorstellungen des 17./18. Jahrhunderts auf dem Weg, den er weist. Das Werk von THOMASIUS ist ja noch zugänglich; es kann auch heute noch, unabhängig von zeitlicher Bindung und doch in ihr stehend, verstanden werden. Und es kann von neuen Gesichtspunkten aus über das Zeitgebundene hinaus für das, was allgemein gültig geblieben ist, erschlossen werden.

ANMERKUNGEN

I

1 SCHRÖCKH 1778.
2 Nach freundlicher Auskunft von Frau L. BLUMENTHAL kann SCHILLER die Beschreibung der Monats-Gespr. nicht aus eigener Anschauung gewonnen haben; sie ist wörtlich SCHRÖCKH entnommen. Für die Erfüllung seines Wunsches ergeben die Materialien zu SCHILLER nichts.
3 GUHRAUER; Disput. metaphysica ... Akademie-Ausg. 6, Reihe 1 Nr. 1; zu TEXTOR s. A. D. B.
4 Kleine t. Schr. 1701, I, Nachwort zu: Nachahmung ... 1687. Die Nachweise bei FLEISCHMANN, Festschrift, auf den man sich stützt, ergeben nichts; STINZING-LA. 3, 1: im Text nichts, in den Noten S. 47: ohne Beleg „Reise nach Holland", Hinweis auf LANDSBERG, Biographie S. 2ff.: nur die Leipziger Händel; von FL. zitiert: HINRICHS, Geschichte 3 S. 122: Hollandreise, „lernte hier den Grävius kennen", bezieht sich auf LUDEN, dort S. 10 Hollandreise u. Grävius o. Beleg, wie meistens; also ist bisher über diese Literatur kein Nachweis zu führen. Einzelheiten und Nachw. zum Studiengang: LIEBERWIRTH, Bibliogr., 1ff.; sicher RHETIUS Praeses, weil in den angeführten Opera omnia beider STRYK Vol. X Disp. 20 RH. als Praeses genannt.
5 Instit. Jurispr. divinae 1688 Prooem. § 16.
6 Juristische Händel 1720 III 1 S. 4.
7 VOSSLER, Einleitung zu SCHOPENHAUERS Übersetzung.
8 Monats-Gespr. 1688/89; s. a. Schrift gegen die Verbrennung der Monats-Gespr. durch den Henker in Kopenhagen, 1691 Beanstandung durch Kurfürsten v. Brandenburg.
9 LIEBERWIRTH, Streitigkeiten S. 81.
10 Gemischte Händel 1723 II und V; s. a. LIEBERWIRTH, Streitigkeiten; s. a. Primum Programma Hall. 1690; Programmata 1724 VI S. 101ff. mit Hinweisen von THOMASIUS, wo er darüber berichtet hat.
11 SCHUBART-FI., Stryk.
12 NEUSS; Abdruck der Ernennung SCHRADER I Anlage 2 entnommen: THOMASIUS, Gemischte Händel 1723 II.

II

1 Z. B. v. OSSE 1717 Vorr. 22ff.; Juristische Händel 1720 Vorr. III 1; Gemischte Händel 1723 II 2.
2 S. dazu Lth 206 Dissertationen u. a. Schriften.
3 Juristische Händel 1720 I 18 s. u.

4 1688/89 Leipzig, mit wechselndem Titel.
5 Zu allem: LIEBERWIRTH, Bibliographie; FREYDANK, Journalist; SCHULZ-FALKENTHAL, Monatsgespräche; SCHUBART-FI., Unbekannter Thomasius (Observationes).
6 Kurtzer Bericht 1705 (und Außerl. Schr. II, 4 S. 333); s. a. v. OSSE 1717 II 204ff., IV 475ff.; Monats-Gespr. 1688 S. 322ff.
7 LIEBERWIRTH zu RÜPING.
8 GOETHE, Faust I Bd 13 V. 1970; THOMASIUS, Summar. Entw. Grundl. 1699, I, XV.
9 MITTEIS; THIEME; WELZEL; WOLF.
10 Juristische Händel 1720 I 18 Absolvirung einer ungegründet angegebenen Hexe.
11 WEBSTER, med. practicus, deutsch 1719; einzelnes dazu s. Lth 283.
12 LIEBERWIRTH Ausgabe und Übers. mit eingehender geschichtlicher Einleitung 1966.
13 1726 Vorrede zu einem, aus dem Englischen übersetzten, Werk von HUTCHINSON.

Nachtrag zum Text S. 13:

In dem Brief von LEIBNIZ ‚Sed philosophia ...‘ wird die Philosophie von THOMASIUS als archipodialis bezeichnet = Ausgabe DUTENS, Opera omnia L. Tom. IV Genf 1786 P. III Nr. XV Epist. XI, VI.

Der befremdliche Ausdruck hat sich bis heute unbeanstandet in der Literatur gehalten. Es handelt sich um einen Lesefehler, aus „antipodialis“, wie ich nach freundlicher Auskunft von Herrn Dr. HEINEKAMP, Leibniz-Archiv Hannover erfuhr und nach der Fotocopie lesen konnte. Der Antwortentwurf ist von L. auf den Rand eines Briefes von K. geschrieben, aber gut und eindeutig zu lesen.

III

1 Nov. 1688, Dez. 1689; ISRAEL; RAUSCH; WAGNER; zu LEIBNIZ: GUHRAUER S. 27ff.
2 Elender Zustand 1693 S. 135.
3 Summar. Entw. Grundl. 1699 Vorrede Nr. 34, 35; Notwendige Gewissensrüge = Verteidigungsschrift nicht von THOMASIUS (?) 1703 Lth V S. 81; NEBE, S. 398 über die Söhne zu 1702, offenbar nicht der gleiche Gegenstand.
4 Cautelen RGel. 1710 Vorr., Cap. 3; Anleitung z. B. Sittenlehre Einleitung, Ausübung 1692, 1696.
5 Cautelen RGel. 1710 Cap. 1 § 29, 30.
6 Entwurf 1699ff.; NEBE; RAUSCH; RÜPING.
7 S. a. Erinnerung Winterlektionen 1702 S. 39 Nr. 35.
8 1700ff.; SCHUBART-FI., Kisch-Festschrift; dies., Unbekannter Thomasius.
9 1697—1702, Lth. 124, 127, 157, 162; SCHUBART-FI., Decorum; dies., Festvortrag; RÜPING, Titius.
10 Elender Zustand 1693.
11 v. OSSE 1717 2. T. 8. Kap. Anm. 178 bezogen auf Mißbrauch bei Dissertationen; Cautelen RGel. 1710 Cap. 19 § 3.
12 SCHUBART-FI., Decorum S. 128; FLEISCHMANN, Festschr. Auszug Codex Lectionum.
13 Lth zu 249; ders., Archivalien.
14 Cautelen RGel. 1710, 5, 331; Kirch. RGel. 1713; v. OSSE 1717 1. T. 127ff. gegen sinnlose Politik durch Kriege, ebenda S. 345 Anm. 160; Tatsachen: Epistola ... Balduini 1689 (Programmata 1724 Nr. V S. 42ff.).

15 An vielen Stellen z. B. Kleine t. Schr. 1701 Nr. IV, XI, XIX; Summar. Entw. Grundl. 1699 III, IV § 6ff., 27ff., Vorrede; SCHUBART-FI., Kisch-Festschr. S. 191 Anm. 4; Wolf, Rechtsdenker [4]S. 411ff.
16 S. besonders HOKE; RÜPING, Titius; THOMASIUS u. a.: Drey Bücher Göttl. RGel. 1688; Diss. de praescriptione regalium 1696; Recht evang. Fürsten in Mitteldingen 1695; v. OSSE 1717; Diss. Vindiciae jur. Maiestatici 1699; über Reichstheorien bes. Halle, Jena s. v. ZUR MÜHLEN.
17 WIEACKER, Priv. RG[2] S. 228; zu „Neuorientierung" s. GUDIAN.
18 Professor für Philosophie, Medizin u. a., 1650 in Politicis, Helmstedt 1606—1681.
19 Summar. Entw. Grundl. 1699 II, VI, VIII Einführung des römischen Rechts in Deutschland.
20 WIEACKER, Priv. RG[2] S. 240.
21 Delineatio historiae juris civ. 1704ff.
22 Notae ad sing. Institut. 1713; s. a. STINTZING-LA., 3, 1, 99; LUIG, S. 205; THOMASIUS, Juristische Händel 1720 II, 5 § 13; Conring, Hinweis auf langwierige Prozesse S. 17ff.
23 Notae; STINTZING-LA.; LUIG s. vor. Anm.
24 Dissertationen: Statuta Hamburg 1695; Nürnberg 1703; Frankfurt/M. 1703; s. a Lth 107, 218, 274, 280 u. a. m.
25 v. OSSE 1717 2. T. 8. Kap. S. 389 Anm. 117.
26 Summar. Entw. Grundl. 1699 2. Hauptteil; HEINECCIUS 1704ff.; Delineatio 1703ff. s. Lth 174, 141.
27 Zu allem: STINTZING-LA. 3,1; WIEACKER, Priv. RG[2] S. 223; LUIG; NEUSÜSS, S. 99ff.

IV

1 Elender Zustand 1693; Kleine t. Schr. 1701 S. 610ff.
2 Summar. Entw. Grundl. 1699, Vorrede; Erinnerg. Grundl. 1701, 1. T. Nr. 16: „arme", Nr. 5: „die liederlichsten Pursche" sind meist mittellos; über die Zulassung aus anrüchigen Berufen, eine rechtspolitische Frage, äußert er sich völlig vorurteilsfrei: Juristische Händel 1720 III, 2 S. 67ff., dazu SCHUBART-FI., Komödianten; dies., Hochschule.
3 s. SCHUBART-FI., Reform, Anhang 1; dies., Stryk: Zuschnitt der Lebenshaltung; über Studenten: Gemischter Discours 1691 (Kleine t. Schr. 1701 VII S. 354ff.).
4 Elender Zustand 1693 S. 140ff.; Einleitung Sittenlehre 1692; Ausübung 1696; u. a. SCHUBART-FI., Reform II, 3.
5 SCHUBART-FI., Reform IV S. 23ff. und Anhang 2.; Überhäufung: v. OSSE, 1717 VIII 386, 396. Hallesche Konstitutionen: entscheidend Stimme von THOMASIUS und Leitung s. FLEISCHMANN (Rede), eingehend BUCHDA.
6 Primum Programma Hall. 1690; SCHUBART-FI., Hochschule S. 13ff.
7 Summar. Entw. Grundl. 1699, Vorrede; v. OSSE 1717 VIII 382ff.; SCHUBART-FI., Festvortrag S. 505; dies., Hochschule S. 14; dies., Reform IV S. 31.
8 Cautelen RGel. 1710, 17. Hauptst.: „. . . bey dem Oeconomischen Studio" § 1.
9 v. LUDEWIG, Neue Profession in Oeconomie . . . 1727; v. OSSE 1717 IV 273; STINTZING-LA. 3, 1 Not. S. 64; ROSCHER, S. 340; FEIST, S. 21; RÜPING, Titius; ders., Thomasius; SCHUBART-FI., Reform V S. 38ff.

10 Z. B. Elender Zustand 1693; Cautelen RGel. und KirchenRGel. 1710, 1713; Summar. Entw. Grundl. 1699; Erinnerg. Grundl. 1701 1. T. Nr. 14, 4. T. 1701.
11 Summar. Entw. Grundl. 1699 Vorrede Nr. 37—39, 40—42, 44ff.
12 Versuch v. Wesen d. Geistes 1699 Vorrede Nr. 11, 21, 23; Erinnerg. Grundl. s. Anm. 10.
13 Einleitung Vernunfftlehre 1691 Vorr. mit sehr hübschen Ausführungen über Diktat u. a.; Erinnerg. Grundl. 1. T. 1701 Nr. 4 und 5; über die Kolleghefte s. o. Decorum.
14 FLEISCHMANN, Vorlesungen-Sprache; HODERMANN, S. 12ff.; SCHUBART-FI., Hochschule; ERLER, Murner: erste juristische Vorlesung 1519; KISCH, Humanist. Jurispr. u. a.: Freigius 100 Jahre vor Th. akademischer Unterricht in deutscher Sprache gefordert.
15 v. OSSE, 1717 VI 345 (160).
16 Cautelen RGel. 1710 7. Cap. § 23; Monats-Gespr. 1688, I S. 233 ff., 298ff.; Gemischter Discours 1691 Nr. 3 und 4.
17 Beyträge z. Crit. Historie 10. St. 1734, Bezug auf GOTTSCHED bei BÜTTNER, L.; die Beiträge sind anonym, wie in Bd 1 angekündigt wird.
18 SCHUBART-FI., Festvortrag S. 502, 29/30 Nachweise.
19 Summar. Entw. Grundl. 1699, Vorr. Nr. 36 u. a.; Elender Zustand 1693, 611; Primum Programma Hall. 1690 Nr. VI, 101ff. und an vielen Stellen.
20 Monats-Gespr. 1688 S. 613ff.; Programmata 1724 Nr. XXXI: Intimatio 1710 S. 745 § XI; Mängel Akademien 1688 (Kleine t. Schr. 1701 Nr. III S. 196).
21 SCHUBART-FI., Hochschule S. 15; Summar. Entw. Grundl. 1699, Vorr. Nr. 48ff.; Elender Zustand 1693 S. 591ff., 612; auch für das folgende: Einleitung Vernunfftlehre 1691, und Ausübung; Cautelen RGel. 1710 Vorr.
22 WEISSENBORN, S. 421; SCHUBART-FI., Festvortrag S. 503, 38 und 505, 53 mit weiteren Einzelheiten über Bücherlesen usw.
23 Dissert. de usu actionum poenalium 1693 Vorr.; SCHUBART-FI., Autorschaft; s. a. zum folgenden Fragen zur Verbesserung des Justizwesens: Dissertationen 1721.
24 Zur Folter, Ketzerei usw. besonders LIEBERWIRTH; Stadtapotheken: Dissert. 1697, dazu SCHMITZ. Neuere Literatur s. Schriftenverzeichnis.
25 THOMASIUS z. B.: Nachahmung 1687 u. Kleine t. Schr. I S. 28ff. Nachwort; Institut. iurispr. divinae 1688 II, II §§ 98—106; Monats-Gespr. 1689 S. 158ff., 206, Einleitung Vernunfftlehre 1691, 1, § 41; Ausübung 4 § 36; Observationes 1700ff.; dazu SCHUBART-FI., Unbekannter Th. S. 32ff.; etwas abgeschwächt THOMASIUS: Fundamenta juris naturae 1705 II, II § 15ff;
SCHUBART-FI., Reform III S. 19; ERLE, NatR. S. 218ff., 245.

V

1 Erinnerg. Grundl. 4. T. 1701.
2 s. dazu E. WOLF S. 379; THOMASIUS, Instit. iurispr. divinae 1688; Erinnerg. Grundl. 3. T. 1700 (Außerl. Schr. 1705 S. 194ff.); Erinnerg. Grundl. 4. T. und 1. T. 1701, 2. T. 1702; Lehrfreiheit: Gemischter Discours 1691 (5 Collegia) = Kleine t. Schr. 1701 S. 345ff.; v. OSSE 1717 IV; Cautel. RGel. 1710 Vorr.
3 Juristische Händel 1720 Vorr.; Ostergedancken 1695.

VERZEICHNIS DER SCHRIFTEN VON THOMASIUS

Hier nur Kurztitel; voller Titel und Bemerkungen s. Bibliographie von R. Lieberwirth. — Laufende Nr. (Lth) nach Lieberwirth.

		Lth
Dissertatio de duplici maiest. subiecto	1672	1
Dissertatio de iniusto Pontii Pilati iudicio	1675	2
Dissertatio de iure circa frumentum	1678	3
Dissertatio de crimine bigamiae	1685	17
Nachahmung. Welcher Gestalt man denen Frantzosen ... nachahmen solle?	1687	25
In Kleine Teutsche Schrifften	1701	159
Institutiones iurisprud. divinae	1688	27
Drey Bücher der Göttlichen Rechtsgelahrtheit	1688	28
Introductio ad philos. aulicam	1688	29
Einleitung zur Hof-Philosophie	1688	30
Disc. von denen Mängeln derer heutigen Academien	1688	33
In Kleine Teutsche Schrifften	1701	159
Monats-Gespräche	1688/89	34
Epistola ... Franc. Balduini (Ausgabe)	1689	39
Rechtliche Bedencken ... mit M. Francken	1689	41
Rechtmäßige Erörterung d. Ehe- und Gewissensfrage	1689	42
Primum Programma Halense	1690	45
Gemischter Discours (5 Collegia)	1691	51
Einleitung zu der Vernunfft-Lehre	1691	52
Ausübung der Vernunfft-Lehre	1691	55
Attilae Fr. Frommholds (d. i. Chr. Thomasius) Bericht Schriften durch d. Hencker verbrennen	1691	58
Einleitung der Sitten-Lehre	1692	61
Introductio in philosophiam moralem	1692	62
Dissertatio de usu actionum poenalium	1693	69
Vom elenden Zustande der Studenten	1693	72
In Kleine Teutsche Schrifften	1701	159
Jacobi Thomasii ... Dissertationes 63	1693	73
Historie der Weißheit und Thorheit	1693	89
Historia Sapientiae	1693	90

		Lth
Disputationes publ. super ... 48 thesibus	1694	93
Dissertatio de pactis dotalibus ... Iur. Stat. Hamburgensis	1695	101
Oster-Gedancken / Vom Zorn und der bitteren Schreib-Art	1695	102
Dissertatio de iure principis circa adiaphora	1695	107
Deutsch in Außerlesene deutsch. Schr.	1705	189
Dissertatio de praescriptione regalium	1696	110
Ausübung der Sitten-Lehre	1696	115
Dissertatio de iure circa pharm. civitatum. / Stadt-Apotheken	1697	121
Dissertatio an haeresis sit crimen?	1697	124
Dissertatio de iure principis circa haereticos	1697	127
Einrichtung d. Paedagogii zu Glaucha ... verlangte Erinnerung	1699	131
Dissertatio Vindiciae iur. maiestatis circa sacra	1699	138
Summarischer Entwurff / Grund-Lehren	1699	141
Versuch von Wesen des Geistes / Grund-Lehren	1699	142
Erinnerung / Grund-Lehren / Lectionum	1700	146
Observationes selectae	1700ff.	147
Erinnerung / Grund-Lehren ... 4. T.	1701	149
Dissertatio de hominibus propriis	1701	154
Erinnerung / Grund-Lehren ... 1. T.	1701	155
Dissertatio de crimine magiae	1701	157
Kleine Teutsche Schrifften	1701	159
Erinnerung / Grund-Lehren ... 2. T.	1702	161
Dissertatio de iudicio seu censura morum	1702	162
Erinnerung — — — künfftig. Winter-Lectionen	1702	164
Dissertatio de Noricorum causis	1703	170
Dissertatio de quasi emancipatione, Reform. Francofurt	1703	171
Delineatio historiae iur. civ. Rom. et Germ.	1704	174
Kurtzer Bericht ... künfftige collegiis	1705	176
Dissertatio de tortura	1705	181
Dissertatio de Templariorum equitum ordine	1705	182
Fundamenta juris naturae	1705	184
Grund-Lehren des Natur- und Völcker-Rechts	1705	185
Außerlesene u. in Deutsch noch nie gedr. Schrifften	1705	189
Selecta feudalia	1708	206
Dissertatio de iure detractionis ... Ducat. Magdeburg.	1709	218
Cautelae circa praecogn. iurisprudentiae	1710	229
Höchstnöthige Cautelen ... Rechts-Gelahrtheit	1710	230
Intimatio lectionum	1710	232
Höchstnöthige Cautelen ... Kirchen-Rechts-Gelahrtheit	1713	247
Dissertatio de concubinatu / Kebs-Ehe	1713	249
Notae ad singulos Institutionum ... titulos	1713	252
Deduction, daß der Reichs Hof-Rath	1714	258
Summarische Nachrichten von ... Th. Bibliotheque	1715/18	269
Dissertatio de aequitate cerebrina ... iuris Prov. Prutenici	1717	274

		Lth
D. Melchiors v. Osse Testament	1717	277
Versuch von Annalibus 1409/1629	1717	278
Dissertatio de hypotheca . . . Ord. Proc. Magdeb.	1717	280
Joh. Websters . . . Untersuchung. . . s. g. Hexereyen	1719	283
Juristische Händel	1720ff.	286
Gemischte philosophische und juristische Händel	1723ff.	298
Programmata Thomasiana	1724	299
Fr. Hutchinsons . . . Hexerey . . ., Th. Vorrede	1726	302

Nothwendige Gewissensrüge = nicht Thomasius (?) 1703 Lth V S. 80

SCHRIFTENVERZEICHNIS

Vor 1800

BEYER, GEORG, s. HEINECCIUS.

BEYTRÄGE zur Critischen Historie der Deutschen Sprache ..., Leipzig 1732ff.

CODEX lectionum annuarum in Regia Friderici etc. Halensi habitarum ab Academiae inauguratione MDCXCIV ... (Universitätsakten), Auszug siehe FLEISCHMANN.

CONRINGII, HERMANNI, De origine juris Germanici Liber unus, Helmstädt 1643, ²1649.

CONSILIA HALLENSIUM Jureconsultorum, (herausgegeben) von LUDEWIG, JOHANN PETER, Halle 1733/34.

DREYHAUPT, JOHANN CHRISTOPH, Pagus Neletici ... dipl. Beschreibung des ... secul. Hertzogthum Magdeburg gehör. Saal-Kreyses und aller Städte ... 2 Teile, Halle 1755.

FRANCKE, JOHANN GEORG s. THOMASIUS Laudationes 1728.

GOETHE, JOHANN WOLFGANG, Sämtliche Werke, Jubiläumsausgabe, Stuttgart 1902ff.

(GOTTSCHED, JOHANN CHRISTOPH), Beyträge z. Crit. Historie, Leipzig 1734, 10. Stück: Chr. Thomasens kl. dt. Schriften 1707.

GRACIAN, BALTHASAR, L'homme de cour, Ausg. SAUTER Frankfurt/Leipzig 1687; Übersetzung SCHOPENHAUER, ARTHUR, Vorrede VOSSLER, KARL, Stuttgart 1938 Gracians Handorakel und die Kunst der Weltklugheit.

HEINECCIUS, JOH. G., Delineatio historiae iuris civilis, Halle 1703ff. s. Lth 141, 174.

JÖCHER, CHRISTIAN G., Allgemeines Gelehrtenlexikon, Leipzig ³1733.

LEIBNIZ, GOTTFRIED W., Disputatio metaphysica de principio individui, Praeside ... J. THOMASIO ... Leipzig 1663.

—, Opera omnia, Ausgabe DUTENS, Genf 1768.

—, Ausgabe: Sämtliche Schriften und Briefe, Preuß. Akademie der Wissenschaften, Darmstadt 1923ff.

v. LUDEWIG, JOHANN PETER, Die von seiner kgl. Majestät auf Dero Universität Halle am 14. Julii 1727 neu angerichtete Profession in Oeconomie, Policey, und Cammersachen ... Halle 1727.

v. LUDEWIG, JOHANN PETER, Gutachten des Universitäts-Canzlers J. P. v. LUDEWIG über die Zustände der Universität Halle 1730. In: RÖSSLER, E. FR. Gründung Göttingen. Acta der Universität Halle Rep. 52 Nr. 159 n. l Dt. Z. A. Merseburg, s. SCHUBART-FI., Reform Anhang 2.

PÜTTMANN, JOS. L. E., Elogium Christiani Thomasii auctore ... Püttmanno. Lips. 20. Apr. 1780. In: UHL, Dissertat. IV S. V. ff.

RUNDE, JUSTUS FR., Grundsätze des gemeinen deutschen Privatrechts, Göttingen 1791.

SCHILLER und GOETHE, Der Briefwechsel zwischen ..., Ausgabe: GRÄF, H. G. und LEITZMANN, A., Leipzig [3]1964.

SCHRÖCKH, JOHANN M., Allgemeine Biographie, 5. Th. Leben des ... Chr. Thomasius, Berlin 1778.

STRYK, SAMUEL, Opera omnia ..., Frankfurt/Leipzig 1743ff.

THOMASIUS, JACOB, Disput. metaphysica ... 1663 s. LEIBNIZ.

UHL, LUDWIG, Chr. Thomasii dissertationum ... Halle 1773—1780, 4 Bde.

WEIDLICH, CHRISTOPH, Vollständiges Verzeichnis aller ... zu Halle ... herausgekommenen jurist. Disputationen und Programme ... Halle 1789.

ZEDLER, Großes u. vollständiges Universal-Lexikon aller Wissenschaften und Künste, Bd 43. Leipzig u. Halle 1745.

Nach 1800

BATTAGLIA, FELICE, Chr. Thomasio Filosofo e Giurista, Roma 1936, dazu THIEME, HANS ZRGerm. 57, 1937.

BUCHDA, GERHARD, Über die verlorenen hallischen Konstitutionen zum Landrecht d. Kurmark Brandenburg, ZRGerm. 69, 1952 Misz.

BÜTTNER, LORE, Thomasius und der Unterricht im Deutschen, Halle 1950 (Pädagog. Hausarbeit, Masch.-Schr.).

COING, HELMUT, Die europäische Privat-Rechtsgeschichte d. neueren Zeit als einheitliches Forschungsgebiet, Jus Commune I, 1967.

CONRAD, HERMANN, Deutsche Rechtsgeschichte Bd 2, Neuzeit bis 1806. Ein Lehrbuch, Karlsruhe 1966.

ERLE, MANFRED, Die Ehe im Naturrecht des 17. Jahrhunderts. (Dissertation) Göttingen 1952 (1953).

ERLER, ADALBERT, Thomas Murner als Jurist, Frankf. Wiss. Beitr. Rechts- u. Staatswiss. Reihe 13, Frankfurt/M. 1956.

FEIST, BRUNO, Die Geschichte der Nationalökonomie an der Friedrichs-Universität zu Halle/S. im 18. Jh. (Dissertation) Halle 1930.

FLEISCHMANN, MAX, Christian Thomasius. Leben und Lebenswerk. Abhandlungen und Aufsätze ... Beiträge zur Geschichte der Universität Halle—Wittenberg Bd 2, Halle 1931 (Festschrift).

—, Chr. Thomasius (Rede), Halle 1929, Hall. Universitätsreden 39.

—, Chr. Thomasius' akademische Vorlesungen in deutscher Sprache, ZRGerm. 30, 1909.

FRENSDORFF, FERDINAND, Halle und Göttingen, Akad. Festrede 1894.

FREYDANK, HANNS, Chr. Thomasius der Journalist. (Fleischmann-Festschrift).

GUDIAN, GUNTER, Zur Situation der Germanistik, ZRGerm. 89, 1972, Misz.

GUHRAUER, G. E., G. W. Freiherr von Leibniz. Eine Biographie, Breslau 1846.

HEIMPEL-MICHEL, ELISABETH, Die Aufklärung. Eine historisch-systematische Untersuchung, (Göttinger Stud. z. Pädagogik 7), Langensalza 1928.

HERRMANN, HARALD, Das Verhältnis von Recht und pietistischer Theologie bei Chr. Thomasius (Dissertation) Kiel 1971.

HINRICHS, HERMANN, Fr. W., Geschichte der Rechts- und Staatsprincipien seit der Reformation, Leipzig 1848–1852.

HODERMANN, RICHARD, Universitätsvorlesungen in deutscher Sprache um die Wende des 17. Jahrhunderts (Dissertation) Jena 1891.

HOKE, RUDOLF, Die Staatslehre des jungen Thomasius. Seine Erstlingsschrift a. d. Jahre 1672, Festschr. f. Heinrich Demelius, Wien 1973.

HUBATSCH, WALTHER, Das Zeitgefühl bei Chr. Thomasius, Wiss. Zschr. Halle, Ges.-Sprachw., 4, 4 (Gedenkschr. 1954/55).

ISRAEL, AUGUST, Die pädagogischen Bestrebungen Erhard Weigels, Wiss. Beilage z. 14. Jahresber. Schullehrer-Sem. Zschopau 1883/84.

JARRAS, FELIX, Christian Thomasius 1655–1728. Un précurseur des lumières? Thèse pour le Doctorat d'Etat présentée à l'Université de Strasbourg II par F ... J ... 2 Bände (Maschschr.) (14. 11. 75)

KISCH, GUIDO, Studien zur humanistischen Jurisprudenz, Berlin/New York 1972.

LANDSBERG, ERNST, Zur Biographie von Chr. Thomasius, Bonn 1894 (200 J.-Feier Univ. Halle).

LANGSCHMIDT, C. F. A., Christian Thomasius en de Duitse taal, Tijdschrift voor Geschiednis LXXXIV/1971 (Nicht erreichbar).

Lth, s. LIEBERWIRTH, ROLF

LIEBERWIRTH, ROLF, Chr. Thomasius. Sein wissenschaftliches Lebenswerk. Eine Bibliographie, Weimar 1955, Thomasiana H. 2.

—, Chr. Thomasius' Leipziger Streitigkeiten (Vortrag), Wiss. Zschr. Halle, Ges.-Sprachw. 3, 1, 1953/54.

—, Archivalien über Chr. Thomasius, ebenda 4, 4, 1955.

—, Die Aufnahme der Folter in das mittelalterlich-deutsche Strafrecht, ebenda 6, 5, 1957.

—, Chr. Thomasius' Verhältnis zur Universität Leipzig, in: „Karl-Marx-Universität Leipzig 1409–1959".

—, Chr. Thomasius, Über die Folter. Untersuchungen z. Geschichte der Folter. Übersetzt und herausgegeben ..., Weimar 1960, Thomasiana H. 4.

—, Chr. Thomasius, Über die Hexenprozesse. Überarbeitet und herausgegeben ..., Weimar 1967, Thomasiana H. 5.

LUDEN, HEINRICH, Chr. Thomasius, nach seinen Schicksalen und Schriften, Berlin 1805.

LUIG, KARL, Die Anfänge der Wissenschaft vom deutschen Privatrecht, Jus Commune I, Frankfurt/M. 1967.

MITTEIS, HEINRICH, Über das Naturrecht, Berlin 1948, Vortr. u. Schr. Ak. Wiss. Berlin, H. 26.

ZUR MÜHLEN, PATRIK VON, Die Reichstheorien in der deutschen Historiographie des frühen 18. Jahrhunderts, ZRGerm. 89, 1972.

NEBE, AUGUST, Thomasius in seinem Verhältnis zu A. H. Francke, Fleischmann-Festschr. 1931.

NEUSS, ERICH, Chr. Thomasius' Beziehungen zu Halle, Fleischmann-Festschr. 1931.

—, Die vorakademischen Akademien in Halle, Hall. Univ.-Reden NF 4, Halle 1961.

NEUSÜSS, WOLFGANG, Gesunde Vernunft und Natur der Sache. Studien z. jurist. Argumentation im 18. Jh., Berlin 1970 (Schr. z. Rechtsgeschichte H. 2).

OPEL, OTTO JULIUS, Chr. Thomasius. Kleine deutsche Schriften. Festschr. d. Histor. Komm. d. Provinz Sachsen, Halle 1894.

VON RAUMER, G. W., Chr. Thomasius und die Entstehung der Universität Halle. Neues allg. Archiv f. d. Geschichtskunde d. Preuß. Staates, 1836 Bd 1 H. 3.

RAUSCH, ALFRED, Zur 200jährigen Jubelfeier des deutschen Aufsatzes. Zschr. f. d. Gymnasialwesen. Berlin 1891, 45, H. 5.

—, Chr. Thomasius als Gast in Erhard Weigels Schule zu Jena, Symbola doctorum Jenensis gymnasii . . . Jena 1894.

—, Chr. Thomasius und A. H. Francke, Festschr. d. lat. Hauptschule, Halle 1898.

—, Chr. Thomasius' Bedeutung für deutsches Geistesleben . . ., Fleischmann-Festschr. 1931.

ROESSLER, EMIL FRANZ, Die Gründung der Universität Göttingen, Göttingen 1855.

ROSCHER, WILHELM, Geschichte der National-Oekonomik in Deutschland, München 1874, 1924, (Nachdr. New York 1965).

ROSENBAUM, WOLF SIGHARD, Naturrecht und positives Recht. Rechtssoziologische und rechtshistorische Untersuchungen zum Einfluß der Naturrechtslehre auf die Rechtspraxis in Deutschland seit Beginn des 19. Jahrhunderts. Neuwied, Darmstadt 1972. Zugl. Diss. Marburg 1970.

RÜPING, HINRICH, Die Naturrechtslehre des Chr. Thomasius und ihre Fortbildung in der Thomasius-Schule, Bonner RWiss. Abhdlg. Bd 81, 1968.

—, Gottlieb Gerhard Titius u. d. Naturrechtslehre in Deutschland um die Wende vom 17. zum 18. Jh., ZRGerm. 87, 1970 Misz.

SCHMITZ, RUDOLF, und WOLF, EVAMARIE, Chr. Thomasius u. der Stand der Pharmazeuten. Gesch. Beilage d. Dt. Apotheker-Ztg. . . . 16. Jg. 1964, 4.

SCHRADER, WILHELM, Geschichte der Friedrich-Universität zu Halle. 2 Teile, Berlin 1894.

SCHUBART-FIKENTSCHER, GERTRUD, Unbekannter Thomasius, Weimar 1954, Thomasiana H. 1.

—, Chr. Thomasius. Festvortrag. Wiss. Zschr. Halle, Ges.-Sprachw. 4, 4, 1955.

—, Thomasius zur Kirchengeschichte, Festschr. G. KISCH, Stuttgart 1955.

—, Decorum Thomasii. Wiss. Zschr. Halle, Ges.-Sprachw. 7, 1, 1957.

—, Chr. Thomasius und die Hochschule seiner Zeit (Vortrag). Ebenda 6, 1, 1956.

—, Hallesche Spruchpraxis. Consiliensammlung Hall. Gelehrter a. d. Anfang des 18. Jhs. Weimar 1960, Thomasiana H. 3.

—, Samuel Stryk Jurisconsultus. Wiss. Zschr. Halle, Ges.-Sprachw. 10, 2, 1961.

—, Ein Beitrag zum Usus modernus pandectarum insbes. nach den Dissertationen von S. Stryk und Chr. Thomasius . . . Athen 1963, Eranion für G. S. Maridakis Bd. I.

—, Zur Stellung der Komödianten im 17. u. 18. Jh. SBer. Sächs. Akademie, Phil.-Hist. Kl. Bd 107, H. 6, 1963.

—, Untersuchungen z. Autorschaft von Dissertationen im Zeitalter der Aufklärung. Ebenda Bd 114, H. 5, 1970.

—, Studienreform, Fragen von Leibniz bis Goethe. Ebenda Bd 116, H. 4, 1973.

SCHULZ-FALKENTHAL, HEINZ, Chr. Thomasius — Gesellschafts- und Zeitkritik in seinen „Monatsgesprächen“ 1688/89. Wiss. Zschr. Halle, Ges.-Sprachw. 4, 4, 1954/55.

STINTZING, RODERICH, und LANDSBERG, ERNST: Geschichte der deutschen Rechtswissenschaft, 3 Bde, München/Leipzig 1880—1910.

STREISAND, JOACHIM, Geschichtliches Denken von der deutschen Frühaufklärung bis zur Klassik. Schr. d. Instituts für Geschichte Reihe I: Allgem. dt. Geschichte Bd 22, Berlin 1964.

SUCHIER, WOLFRAM, Kurze Geschichte der Universitätsbibliothek zu Halle von 1696 bis 1876, Halle 1913.

THIEME, HANS, Das Naturrecht und die europäische Privatrechtsgeschichte. (Vortrag.) Inst. f. intern. Recht, Schriftenreihe H. 6, Basel [2]1954.

TRUSEN, WINFRIED, Anfänge des gelehrten Rechts in Deutschland. Ein Beitrag z. Geschichte d. Frührezeption, Wiesbaden 1962.

WAGNER, GEORG, Erhard Weigel, ein Erzieher aus dem 17. Jh. (Dissertation.) Leipzig 1903.

WEDEMAYER, IRMGARD, Das Menschenbild des Chr. Thomasius. Wiss. Zschr. Halle, Ges.-Sprachw. 4, 4, 1955.

WEISSENBORN, BERNHARD, Die Bibliothek des Chr. Thomasius. Fleischmann-Festschr. 1931.

WELZEL, HANS, Naturrecht und materiale Gerechtigkeit, Jurisprudenz in Einzeldarstellungen 4, Göttingen/Zürich [4]1962.

WIEACKER, FRANZ, Einflüsse des Humanismus auf die Rezeption. Eine Studie zu Joh. Apels Dialogus. Zschr. f. ges. Staatswiss. 1940, Bd 100.

—, Privatrechtsgeschichte der Neuzeit unter bes. Berücksichtigung der deutschen Entwicklung. Jur. prud. in Einzeldarstellg. 7, Göttingen/Zürich [2]1967.

WOLF, ERIK, Große Rechtsdenker der deutschen Geistesgeschichte, Tübingen [4]1963.

—, Das Problem der Naturrechtslehre, Karlsruhe 1955.

WOTHGE, ROSEMARIE, Über Chr. Thomasius und den Unterricht im Deutschen. Wiss. Zschr., Halle, Ges.-Sprachw. 4, 4, 1954/55.

ZRGerm. = Zschr. der Savignystiftung f. Rechtsgeschichte, Germanistische Abteilung.

Heft 4 Prof. Dr. JOACHIM MÜLLER, Literarische Analogien in Heinrich von Kleists Novelle „Der Zweikampf" 1969. 56 Seiten — 8° — M 3,40

Heft 5 Prof. Dr. GERTRUD SCHUBART-FIKENTSCHER, Untersuchungen zur Autorschaft von Dissertationen im Zeitalter der Aufklärung 1970. 135 Seiten — 8° — M 9,40

Band 115

Heft 1 Prof. Dr. JOHANNES JAHN, Entwicklungsstufen der Dürerforschung 1971. 19 Seiten — 8° — M 2,—

Heft 2 Prof. Dr. JUSSI ARO, Mittelbabylonische Kleidertexte der Hilprecht-Sammlung Jena, mit einem Anhang: Fünf alt-, mittel- und neubabylonische Texte verschiedenen Inhalts aus der gleichen Sammlung 1970. 42 Seiten — 8° — M 6,50

Heft 3 Prof. Dr. WERNER BAHNER, Die lexikalischen Besonderheiten des Frühromanischen in Südosteuropa 1970. 124 Seiten — 8° — M 9,—

Heft 4 Prof. D. Dr. OTTO EISSFELDT, Adonis und Adonaj 1970. 29 Seiten — 16 Abb. auf 15 Tafeln — 8° — M 6,—

Heft 5 Prof. Dr. RAINER ECKERT, Baltistische Studien. Mit einem Geleitwort von Prof. Dr. RUDOLF FISCHER und einer Bibliographie von Prof. Dr. RAINER ECKERT und Dr. FRIDO MĚTŠK 1971. 102 Seiten — 8° — M 8,50

Heft 6 Prof. Dr. RICHARD HAUSCHILD, Der Missionar P. Heinrich Roth aus Dillingen und die erste europäische Sanskrit-Grammatik 1972. 23 Seiten — 3 Abb. auf 3 Tafeln — 8° — M 3,30

Band 116

Heft 1 Prof. Dr. JOACHIM MÜLLER, Die Gestalt des Kindes und des Jugendlichen in der deutschen Literatur von Goethe bis Thomas Mann 1971. 38 Seiten — 8° — M 2,60

Heft 2 Prof. Dr. HERBERT PEUKERT, Gibt es eine „slawische" Volksdichtung? 1972. 70 Seiten — 8° — M 5,60

Heft 3 Prof. Dr. JOACHIM MÜLLER, Zur Motivstruktur von Goethes „Faust" 1972. 42 Seiten — 8° — M 2,80

Heft 4 Prof. Dr. GERTRUD SCHUBART-FIKENTSCHER, Studienreform. Fragen von Leibniz bis Goethe 1973. 109 Seiten — 8° — M 8,—

Heft 5 Prof. Dr. ERNST WERNER, Ketzer und Weltverbesserer. Zwei Beiträge zur Geschichte Südosteuropas im 13. und 15. Jahrhundert 1974. 57 Seiten — 8° — M 4,50

Heft 6 Prof. Dr. EBERHARD BRÜNING, Die Entwicklung progressiver und sozialistischer Literatur in den USA. Fortschrittliche Schriftstellerorganisationen und ihr Einfluß auf den nationalen Literaturprozeß von 1917 bis 1945 1974. 40 Seiten — 8° — M 3,20

Band 117

Heft 1 Prof. Dr. JOHANNES JAHN, Antike Tradition in der Landschaftsdarstellung bis zum 15. Jahrhundert 1975. 26 Seiten — 23 Abb. auf 21 Tafeln — 8° — M 8,—

Heft 2 Prof. Dr. JOACHIM MÜLLER, „Verwirrung des Gefühls". Der Begriff des „Pathologischen" im Drama Goethes und Kleists. Mit einem Exkurs: Zur dichterischen Pathographie im Drama des 19. Jahrhunderts 1974. 40 Seiten — 8° — M 3,50

Heft 3 Prof. Dr. JOACHIM MÜLLER, Goethes „Campagne in Frankreich". Epochenkritik, Umweltanalyse und Kontraststruktur 1974. 42 Seiten — 8° — M 4,—

Heft 4 Dr. Günter Schmidt, Die literarische Rezeption des Darwinismus. Das Problem der Vererbung bei Émile Zola und im Drama des deutschen Naturalismus
1974. 209 Seiten – 1 Ausschlagtafel – 8° – M 13,–

Heft 5 Prof. Dr. Ernst Werner, Häresie und Gesellschaft im 11. Jahrhundert
1975. 83 Seiten – 8° – M 6,–

Band 118

Heft 1 Prof. Dr. Rudolf Grosse, Dr. Siegfried Blum, Dr. Heinrich Götz, Beiträge zur Bedeutungserschließung im althochdeutschen Wortschatz
In Vorbereitung

Heft 2 Prof. Dr. Rolf Lieberwirth, Die historische Entwicklung der Theorie vom vertraglichen Ursprung des Staates und der Staatsgewalt
1977. 56 Seiten – 8° – M 5,–

Heft 3 Prof. Dr. Joachim Müller, Thomas Manns Künstlertum und Humanitätsgewissen 1976. 27 Seiten – 8° – M 2,50

Heft 4 Prof. Dr. Hans Hiebsch, Wilhelm Wundt und die Anfänge der experimentellen Psychologie 1977. 24 Seiten – 8° – M 2,50

Heft 5 Prof. Dr. Ernst Werner, Stadtluft macht frei. Frühscholastik und bürgerliche Emanzipation in der ersten Hälfte des 12. Jahrhunderts
1976. 96 Seiten – 8° – M 8,–

Band 119

Heft 1 Prof. Dr. Willem Pée, Rechtschreibungsprobleme im Niederländischen. Mit einem Beitrag von Dr. Helga Hipp, Probleme der niederländischen Rechtschreibung aus germanistischer Sicht *In Vorbereitung*

Heft 2 Prof. Dr. Gertrud Schubart-Fikentscher, Goethes Amtliche Schriften. Eine rechtsgeschichtliche Untersuchung 1977. 72 Seiten – 8° – M 6,50

Heft 3 Prof. Dr. Rudolf Růžička, Historie und Historizität der Junggrammatiker
1977. 22 Seiten – 8° – M 3,–

Heft 4 Prof. Dr. Gertrud Schubart-Fikentscher, Christian Thomasius. Seine Bedeutung als Hochschullehrer am Beginn der deutschen Aufklärung
Vorliegendes Heft

Heft 5 Prof. Dr. Joachim Müller, Shakespeare und ein deutscher Anfang: Die von Borcksche Übersetzung des „Julius Cäsar“ von 1741 im Streitfeld von Gottsched und Johann Elias Schlegel *In Vorbereitung*

Heft 6 Prof. Dr. Herbert Peukert, Positionen einer Linguostilistik
In Vorbereitung

Einzel- oder Fortsetzungsbestellungen durch eine Buchhandlung erbeten

Sitzungsberichte bis Band 110
durch das Zentralantiquariat der Deutschen Demokratischen Republik, Leipzig,
ab Band 111 durch den Akademie-Verlag, Berlin, zum Teil noch lieferbar

AKADEMIE-VERLAG · BERLIN
DDR-108 Berlin, Leipziger Str. 3–4

FSC
www.fsc.org
MIX
Papier | Fördert gute Waldnutzung
FSC® C083411

Kolibri 360 GmbH
Ferdinand-Jühlke-Straße 7
99095 Erfurt, Deutschland
produktsicherheit@kolibri360.de